思变 2

王亚东◎著

中国商业出版社

图书在版编目（CIP）数据

思变. 2 / 王亚东著. -- 北京：中国商业出版社，2022. 8
ISBN 978-7-5208-2149-0

Ⅰ. ①思… Ⅱ. ①王… Ⅲ. ①企业管理—经验 Ⅳ. ①F272

中国版本图书馆CIP数据核字(2022)第131228号

责任编辑：包晓嫱
（策划编辑：佟彤）

中国商业出版社出版发行
（www.zgsycb.com 100053 北京广安门内报国寺 1 号）
总编室：010-63180647 编辑室：010-83118925
发行部：010-83120835/8286
新华书店经销
香河县宏润印刷有限公司印刷
*
889 毫米 ×1194 毫米 48 开 7.25 印张 140 千字
2022 年 8 月第 1 版 2022 年 8 月第 1 次印刷
定价：68.00 元
* * * *

自序

今年是厚德十周年，也是“亚东分享”十周年。2012 年 8 月 16 日到 2022 年 8 月 16 日，没想到这一写就是十年。

“亚东分享”这个品牌从一开始的只有几百人可以看到，到现在累积了超过 30 万的粉丝。是什么带来了这样的效果？是什么铸就了十年的坚持？答案就是“被需要”。每天上午收到的声声感谢，朋友圈的一次次转发，遇到不同观点时的激烈碰撞，分享延迟时的句句敦促……这些都让我感觉到了“被需要”的温暖，感受到了“亚东分享”存在的价值。

几年前就有将“亚东分享”集结成册、出版成书的想法。如今这个想法终成现实，心中不免感慨万千。自 2020 年《思变 1》出版后，如今《思变 2》即将面世，我要感谢所有粉丝和学员的信任，以及联合出版人的大力支持。此外，我还要感谢那些同我分享灵感的前辈、老师和朋友，感谢出版团队老师们的付出，谢谢你们的努力，让《思变 2》以最好的姿态呈现在大家面前。

目 录

第一部分　生活智慧

第二部分 创业智慧

第四部分　管理智慧

第五部分　运营智慧

第六部分　商业智慧

第七部分　战略智慧

第一部分

生活智慧

一、

你的一切，都源于你的心境！

搞清楚自己究竟想要怎样的生活

要想把事情做好，首先要搞清楚生命的意义，知道自己想要过一种什么样的生活，要走一条什么样的人生之路。明白了这两点，其他都不再是问题。找到你的使命，发现你的天赋，然后将二者结合起来，自然会有好的事情呈现。做这样的事，不仅会滋养自己，获得成长，对他人也有利。所有的一切都应该回到自己的内在，如果自己的思想原本就是混乱的，即使给你再好的天赋，也会一事无成。记住，在快节奏的时代里，越是浮躁的当下，越要有定力。

内心净化，志向高远，便力量无穷

对于个人来说，只有格局比事情大，才能不断成长。与其说性格决定命运，不如说是格局决定命运。格局太小，事情就无法做大；格局没有形成，事情就无法圆满完成。当然，这个格局，就在我们心中，没有一定修行，你想要的人和事，终究不会出现。心无谦卑日伴高人无助，胸无大愿遍寻贵人不得。主宰我们身体的是心，不能胜寸心，安能胜苍穹。一切本在人心，内心净化，志向高远，才能力量无穷；心思混沌，鼠目寸光，必将懦弱无能。

外向有外向的精彩，内向有内向的深邃

内向和外向都是性格的一种，为什么要给“内向”贴上不好的标签？内向不代表差，外向也不一定好，跟能不能成功也没有必然联系。小时候的我性格也很内向，在班上不喜欢表现自己，不喜欢张嘴叫人，遇到陌生人也不敢说话。后来，随着环境的改变，我才慢慢改变了自己的这种性格。但一直到现在，我都认为自己骨子里还是一个“内向”的人。对于部分内向的人来说，独处是他们赖以呼吸的空气，独立思考是他们力量的源泉。他们在独处中放飞自己的思想，不会在人群里随波逐流，更不会为了迎合他人而侵蚀自己的想法，做出身不由己的行为。外向有外向的精彩，内向有内向的深邃，只要你积极上进，不管是内向还是外向，就能找到自己的成功之道。

自认为优秀，很难再走向卓越

优秀只是别人对你的评价，不能因此沾沾自喜。沉浸在别人的赞美中不能自拔，就无法走向卓越。我遇到过太多自命不凡、自认为优秀的人，虽然他们履历非凡，但是都很难再走向卓越。对真正优秀的人而言，并不会觉得那就是优秀。在他们看来，过往的一切只是人生的一个阶段，自己之所以能不断进步，就是因为觉得自己还不够优秀。自以为优秀是杰出的敌人，自认为优秀，必然会故步自封，最终走向没落。只有不断地追求卓越，人生才会越来越美好，生命才会越来越精彩。

痛苦也好，快乐也罢，这都是生命的体验

不管是痛苦还是快乐，都是生命的体验；无论是顺境还是逆境，都是人生的历练。对于强者来说，即使一败涂地，也能坚定信念东山再起；对于弱者来说，仅仅一个拒绝，就能让他否定自我、万念俱灰。孔子在《论语·子路》中有言："君子和而不同"，世界虽然不会因你而改变，却可以透过你我的心量将之融为一体。心胜则兴，心衰则败。真正的成熟是你在经历太多事情后，依然能够将内心与这个世界进行剥离。享受人生而不沉湎，历经苍凉而不消极。

每个人都可以选择自己想要的活法，无所谓对错

我看到过很多循规蹈矩的人，生活得刻板，虽心安理得，但绝对算不上精彩；我也见过很多特立独行的人，人生几经波折起起落落，虽算得上精彩，但一生颠沛流离、贫困潦倒。当然，每个人都可以选择自己想要的活法，无所谓对错。一心的循规蹈矩，无法打破平庸的宿命；一意的离经叛道，成就不了非凡的人生，这便是我们在世间行走的难处。成功为什么很难？因为在突破时要有打破常规思维的能力，在干活时又能规规矩矩地执行，如此一来，就已经淘汰了许多人。

知道做不到，等于不知道

生活中总能听到这样的声音，“你说的我都知道，但就是做不到”。道理，大家都懂，就是做不到，这也是普通人的人生状态。我在课堂上曾跟学员分享过，人一共有三种状态：知道、不知道、以为自己知道。前两种状态都不可怕，知道得越多，已知圈越大，未知圈就越大，越会去学习；第二种状态，知道自己不知道，认识到自己的无知，也会推动自己去学习；第三种状态，以为自己知道才是最可怕的，因为这时候你丧失了进取之心，很难再向前一步。知道是为了做到，知道做不到，等于不知道，只是你以为自己知道。

二、

觉醒自我，找到更多问题的答案

明是非，辨对错

一个人不懂得认错，一般有两个原因。

1. 不好意思认错，死要面子，不肯低头。现实生活中，这种人比比皆是。犯了错却不认错，也会对那些做对事情的人造成伤害。

2. 根本没有意识到自己是错的，这才是真的可怕。这种状态，不仅伤害别人，还会伤害自己，让自己在错误的道路上越走越远。

明是非，辨对错，是为人最基本的能力。认错不是认输，而是成长。指出别人的错误是一种能力，而认识到自己的错误，才是真正的智慧。只有学会低头，才能走得更远。

种善因，结善缘，方修得福报善果

所谓福报，不仅是指一个人的财富丰厚、家境殷实，更是你开创事业的一切顺缘。比如：你创办了一家公司，不仅事业顺利，还拥有一个健康的身体；贤内助帮你安顿后方，让你没有后顾之忧；老人安健，孩子自律好学；邻里互助友爱，亲友相处和睦；团队精神充满正能量，上下一心……无论在任何时候，只要你有合理的需求，就能轻松得到满足，因为在你身边总有一些顺缘，这就是一个人的福报。那一个人的福报从何而来？归根结底就是种善因，结善缘，方修得福报善果。

念念不忘，必有回响

凡是你对别人做的，就是对自己做的。所以，凡是你希望得到的，就应该让别人也得到。生命是一种回声，念念不忘，必有回响。你把善良给了别人，终会从别人那收获善意；你释放出去的都是恶意，那回到你身上的也必定是种种恶意。无论你对谁好，从长远来看，都是对自己好。一直善良下去，只问内心，不问得失。你若盛开，蝴蝶自来。人正确的活法是不管蝴蝶来不来，都要盛开，都要芬芳地活着。

一念之慈，万物皆善

一动念头就先发现别人的问题，正是自己莫大的问题；一动念头就先想到别人的优点，正是自己莫大的优点。“念头”并不是一段一段的，它像一条流动的河。无数的念头刹那生灭，相继不断，前一个念头刚过去，下一个念头又生起……起什么念头对我们的生活、身体是有影响的，它会制造出“产品”。这个“产品”包括我们当下的苦乐感受、说的话、做的事、身体的反应以及记忆。有研究表明，愤怒、仇恨会对人体内的神经组织、内脏细胞造成严重损伤。所有不善的念头最终都会伤害到自己，永远保持一颗善良的心就是最大的养生。

世间万事万物，都逃不开因果

世间万事万物，都逃不开因果。电影《卡萨布兰卡》里说：“你的气质里，藏着你走过的路、读过的书和爱过的人。”说得如此贴切。你人生中所有的遇见，都是缘分；你人生中所有的经历，都是因果。人生没有白读的书，没有白吃的苦，也没有白白的经历。你所走的每一步都算数。人生道路漫长，你现在所经历的低谷和苦难只是暂时的，并不代表你人生的全部。

人生所有的相遇，都是因你而来

你是什么样的人，就会吸引什么样的人。人生所有的相遇，其实都是因你而来。那些与你灵魂相似的人，之所以能够穿过茫茫人海与你相遇，说到底，是因为你们频率相同，“三观”契合，这就是“缘”。这个“缘”绝非偶然，而是你一分一秒修来的。因为频率相同，所以更懂得珍惜彼此；因为灵魂相似，所以更容易产生默契；因为“三观”契合，所以更懂得换位思考。谁能走进你的生命，谁能成为你的灵魂伴侣，主要取决于你自己。所以不要担心人生路上遇不到与自己灵魂相似的人，所谓“你若盛开，蝴蝶自来”，你只需做好你自己，然后静待花开。

强者谈坚持，弱者谈喜欢

喜欢的事，大家都愿意去做，不喜欢的事呢？这个世界上总有一些你不喜欢但又不得不去做的事情。残酷的是，这样的事情还不少。面对这样的事，有些人主动承担更多责任，体现了自我价值，最终成为人生的赢家。人和人之间的差别往往在于，面对不喜欢的事情，你是否欣然面对。普通人做事情的判断标准是“喜不喜欢”，高手的标准是“应不应该”，从“小我”到“大我”，人生差距一目了然。强者谈坚持，弱者谈喜欢，一句“不喜欢”，就丢掉所有的坚持、努力，这才是真正的懦夫。

德不配位，必有灾殃

什么叫“德不配位，必有灾殃”？

一个人的财富，千万不能大于自己的功德，一旦你拥有的财富大于自己的功德，就会招灾。

一个人的名声，千万不能大于自己的实力，一旦你的名声大于实力，名不副实，就会有灾难。

一个人的地位，千万不能大于自己的贡献，一旦你的地位很高，贡献却无法与之相匹配，就会招致他人不服和忌妒，甚至被算计。

一个人的职位，千万不能大于自己的能力，一旦你的职位过高，能力还不够，意味着你在行使能力之外的权力，就会伤害他人，也会给自己带来伤害。

三、

周遭各处都是智慧

充满热爱的心，是最宝贵的财富

这个世界的美妙之处，不在于那些旖旎的风景，也不在于大起大落的人生，而在于不管世事如何变化，你都能保持一颗热爱的心。对生活的热爱，会让你变得更加积极，努力地发现生活中的每一分美好；对工作的热爱，会让你变得更加上进，勇敢地迎接工作中的每一次挑战；对家人热爱，会让你更加体谅他人，少了埋怨和唠叨……这颗充满热爱的心，才是你最宝贵的财富，它会让你变得与众不同，会让你在前进的过程中承受风雨的历练而不会感到疲倦。

心怀慈悲，是度人也是度己

人生在世，不能少了慈悲心。心怀恶念，好事也会变成坏事，伤害的不仅是自己，还有他人，抑或社会。只有心生慈悲，才能从心而发，推己及人，友好待人。心怀善念，力行善举，必然能够得到福报。因此，奉劝各位：诸恶莫作，众善奉行。做好人，身正心安魂梦稳。行善事，天知地鉴鬼神钦。一念之慈，万物皆善；一心之慈，万物皆庆。心怀慈悲，是度人也是度己。远离邪恶，心存善念，必能改命、修福、避祸、得健康。

积德无须人见，行善自有天知

我们的一生，并不全是为自己而活，而是也需要为他人和社会奉献，也就是积德行善。这个过程中，不仅需要勇气和毅力，更需要提升认知。帮助别人如果只是为了享受他人的赞美，抑或期待别人投桃报李，未来给你更多更大的帮助，那么这种帮助就不够纯粹，谈不上行善积德，本质上这不是利他，而是利己。积德无须人见，行善自有天知！无论做过多少利他却不为人知的事情，你都不必担心，因为人在做、天在看。

不如意才是生活的常态

如你的意就开心，不如你的意就生气，这是三岁小孩才有的心态。人生怎么可能事事都如你的意？不如意才是生活的常态，除了接受，别无他法。行走在人生旅途中，每个人难免会遭遇高山峻岭，也会碰到沟沟坎坎，只有面不改色、敢于向命运挑战的人，才值得敬佩。其实，人生所有的不如意，都深藏着上天最深的眷顾和最好的安排。如果每个人都把按照自己意愿发生的一切作为唯一感受快乐或满意的标准，那么就会失去很多快乐，同时也失去了奇迹发生的机缘。

人生走到最后，终须面对自己的内心

人这一生，先要解决人和物之间的问题，接着要解决人和人之间的问题，最后要解决人和自己内心之间的问题。首先，从求学到三十而立，没有学历、能力、工作、……如何安身立命？其次，为人父母为人子女，为人上级为人下属，为人友为人敌，人与人之间的问题，怎能不认真面对？最后，走着走着，才发现人生是条无法回头的单行道，不安、焦虑、悲观……接踵而来，如何面对自己的内心？处理不好，又怎能颐养天年？所以，人生走到最后，终须面对自己的内心。在这纷繁复杂的世界里，我们都需要答案。

走得太累，不是因为走得太远，而是因为想要太多

有时我们走得太累，不是因为走得太远，而是因为肩上背负的东西太多。有时我们活得太累，不是因为缺的太多，而是因为内心中想要的太多。幸福原本就不是一道证明题，不需要证明给任何人看，更不需要跟任何人比较。幸福，不是工作顺利，也不是家人健康，更不是成绩优秀，而是一种满足感。我见过真正幸福的人，不一定过着锦衣玉食的生活，但一定有一颗知足常乐的心；我见过活得累的人，大都有一个特点：拥有的越多，想要的越多。

财富是外在的“得”，能量是内在的“德”，两者守恒

有人渴望一夜暴富的美梦成真，有人幻想买张彩票能中个几千万元。暴富了、中奖了，就是拥有了财富？非也！财富的本质，从低维度来说，是能力的变现；从中维度来说，是认知的变现；而从高维度来说，是“福报”的变现。财富就是外在的“得”，能量是内在的“德”，两者永远守恒。要想增加财富的数量，必须先修炼自身的品行、提高自己的贡献。人只能享受和本人能力相匹配的东西，即使获得了大量的财富，也会成为生命不能承受之重。得到一件东西的最好方式，就是通过努力让自己配得上它。

人生除了生死，其他全是小事

作为人类，我们其实挺有意思的。顺风顺水的时候，每个人都是修行大师；遇到挫折和困难时，瞬间就变回普通人。人生除了生死，其他全是小事。我们要像智者一样劝诫自己，别像傻子一样折磨自己。其实，许多人自认为很痛苦的事，可能连擦伤都算不上。普通人虽然无法达到了却生死的境界，但一定要意识到：因为无常，所以不是所有的事情都能如愿以偿；因为因果，所以所有事情也不会变得顺理成章。人生所有走过的路，其实都是必经之路。

四、

人际相处包含着别样的处世哲学

● 爱人

不能被道德绑架，不要为世俗观点所困

有学员向我请教婚姻问题，问我他要不要离婚。其实，外人很难帮你拿主意，毕竟两人在一起生活多年，冷暖自知。拿一两件事出来，让别人给你建议，即使给了也不一定正确。但是，也不要道德绑架，为世俗观点所困，好像建议别人分手就是十恶不赦。如果两个人在一起都痛苦不幸福，分开难道不是解脱？如果两个人丧失了最基本的信任和爱的希望，分开难道不是最好的选择？离婚不是一件快乐的事情，但是离婚后你依然有追求快乐的权利，重新拥有获得快乐的可能。

你不珍惜的一切，一定会离开你的生命

如果你被一个人深爱着，不要恃宠而骄，不对等的爱从来不会长久。你不珍惜的一切，都会离开你的生命。在你的生命中，如果有一个懂你、爱你的人，你不仅要珍惜，还要付出大于对方。如果你此时犹如万箭穿心般痛苦，不要被困住，要看到伤痛背后的礼物和祝福；如果爱人不再爱你，你不必惊慌失措，不必卑微地祈求被爱，爱情从来不会怜悯弱者，而要聚焦于把自己变得更好。想得到更好的一切，必须先让世界看到你的美好。

在现实生活中，到底什么才是好的婚姻？

钱钟书先生对杨绛女士有一段评价，是理想婚姻的典范："在遇到她以前，我从未想过结婚的事。和她在一起这么多年，从未后悔过娶她做妻子，也从未想过娶别的女人。"钱先生之所以把这称作"理想婚姻"，是因为多数人觉得举案齐眉、相敬如宾的婚姻并不多见。但是，身边总有一些模范夫妻，既让人羡慕，又让人钦佩。那么，在现实生活中，到底什么才是好的婚姻？不是轰轰烈烈，而是平平淡淡。有些事绚烂如花，却转瞬即逝；有些人其貌不扬，却可以厮守一生。爱到最后，哪里还有什么死去活来，不过是相依为命，彼此交融。

原谅他人给自己带来的伤害和原谅自己的过失同样不容易

印度“圣雄”甘地曾经说：“软弱的人不懂得原谅，原谅是强大的表现。”原谅他人给自己带来的伤害和原谅自己的过失同样不容易。你被深深伤害，因此怀恨在心，这种情绪会将你拖入心灵纠缠的深渊。而宽恕却能将你带离这种深渊，还你身心健康。许多时候，我们等不到别人的道歉，也许他们是故意的，也许只是和我们看待事物的方式不一样，所以你等别人来道歉，可能遥遥无期。宽恕不代表你顺从了那些让你心烦意乱的人，也不是饶恕了他们的行为，最重要的是不要让冒犯你的人控制你的情绪。与其在意自己受到的伤害，不如去寻找身边的真善美。

不只接受他的优秀，更要看清他的平凡

有些女人总是戴着面具走进爱情，总想展示自己最优秀的一面，让对方看到一个最好的你。要接受一个人，不只是接受他的优秀，还要看清他的平凡，甚至了解他的缺点。可事实经常是：我们走着走着，就感觉对方变了。其实对方并没有变，只是你自己变了。一个男人爱自己最好的方式就是向上成长，自强不息，直至让自己成为“天”。一个女人爱自己最好的方式就是拼命向下扎根，厚德载福，像“地”一样懂得包容，学会承载，开始生发。当你真正臣服于一个男人的时候，他就是你的“天”，你才能够成为他的“地”。

克服不了婚姻倦怠，会成为你背叛的理由

个人很难在一成不变的工作中永远保持新鲜感，不可避免地会出现“职业倦怠”，就像职场中的“生理期”，会出现周期。同时，还会成为你职业生涯的巨大障碍，你能不能在职场中更上一层楼完全取决于你能不能战胜它。婚姻何尝不是如此，两个人在一起生活了N年，怎么可能每天甜蜜如初、如胶似漆。克服不了“婚姻倦怠”，它就会成为你“背叛”的理由。爱情的最终结局就是婚姻，婚姻的常态就是柴米油盐酱醋茶，这不是苦难，而是常态。真正的爱，不是把你变成我想让你成为的人，而是深刻地了解你，然后让你做自己。总是把“为了你，我放弃了……”挂在嘴边，就会步入“讨债式”婚姻，最终两人渐行渐远。婚姻不是和一个完美的人相爱，而是爱了你之后他更完美了。

感情的世界里，没有完美答案，只有正确答案

为什么“好男人”这么少？是不是你的要求太高了？要求男人长得帅、个子高、学历高、有钱、有时间，还得一心一意对你好。有颜值的大多没内涵，有内涵的大多没颜值；有钱的大多没时间陪你，能整天陪你的大多没有钱；你爱的人往往对你不好，你不爱的人却对你百依百顺。感情的世界里，没有完美答案，只有正确答案。只有知道自己想要什么样的生活，才能定义你心中的“好男人”标准，只有这样才可能找到只属于自己的“正确答案”。

是选爱自己的人，还是选自己爱的人

是选爱自己的人，还是选自己爱的人？这是很多人经常有的情感困惑。我发现，感性的人会选择自己爱的人，理性的人会选择爱自己的人。年轻时会选择自己爱的人，成熟后会选择爱自己的人。那么，到底孰对孰错？该如何选择？其实很简单，如果你足够强大，就选自己爱的人；如果你不够强大，就选爱自己的人。

人品好才值得托付一生，负责任才会不负一生

很多人都说，与爱人相知相识，始于颜值，终于才华、人品和责任。大多数时候，我们第一次看到一个人时，看到的可能只是外在的东西，但最终吸引我们的还是这个人的内在。年轻时女人想嫁给爱情，稍微大一点想嫁给金钱，成熟了才知道，自己要嫁给的是人品和责任。人品就是结婚后，丈夫不会对其他女孩子有非分之想；责任就是即使动了心，也会因为家庭而放弃。人品好，才值得托付一生；负责任，才会不负一生。

● 家人

家是有爱的地方，不是比谁更有权威的地方

习惯把工作中的权威带回家，在家中说一不二，家庭就容易出问题。家是有爱的地方，是温馨的港湾，是彼此尊重的地方，而不是比谁更有权威的地方。回到家中，要摘下面具，将在外的角色放下，找回自己的身份，是父亲、是丈夫、是儿子……只有这样，自己在家庭中才能得以放松，给身体充电，让生命充满能量。将事业上的优越感带到家中，在“说一不二”的强势下，对方就很难成长。一旦对方停止成长，家庭平衡的状况就被打破，婚姻难免出现问题，这也是一些人事业有成但家庭并不幸福的重要原因。

事业可以建设，家庭同样可以建设

事业可以建设，家庭也能。家庭建设的起点，是建设自己。从自己开始，慢慢修炼自己的心。如此，家庭关系才能其乐融融。这里有个最大的问题，就是我们总觉得问题出在别人身上，想要改变长辈、改变另一半、改变孩子。抱着“道理，我要让他/她去好好学习”的想法，很容易进入一个死胡同。为什么改变不是从你自己开始？一个家庭的改变，往往是从最积极、最大度的那个人开始，这个人就是你自己。寄希望于家人改变，其实也是一种自私的表现。

父母对孩子最大的伤害，就是让孩子不劳而获

很多孩子对金钱没有概念，为了培养孩子们树立正确的金钱观，假期时我带他们摆了一次地摊，半天的时间收入 100 多元。我将利润换算成纸币，然后给他们装到储蓄罐，告诉他们这半天时间赚来的钱可以用来做什么，自己想要的东西攒够钱再去买。结果，我发现小家伙们开始变得“抠门”了，这一堂别开生面的课开始发挥作用。所以，只有让孩子知道所有的一切都来之不易，他们才会珍惜当下的一切，心存感恩地生活。

老人是一个家庭、一个家族的根

老人是一个家庭、一个家族的根。赡养老人，善待长辈，本质上是在呵护自己和呵护子女生命的能量，是对整个家庭乃至家族的呵护。子孝孙贤人人向往，但这些从何而来？根深则叶茂，将老人的根呵护好，家族才会兴旺。如果一个人连长辈都不愿赡养，又怎么会对事业忠诚？对朋友真诚？一个家族中，如果老人都不能被善待，这个家族也不会兴旺发达、传承久远。赡养长辈，本质上也是在建立自己生命的磁场，让自己的生命变得更厚重、更富有能量。其实，长者只是以自己年迈的形态，帮助我们开启心中的宝藏。

一味强调知识教育，只能将孩子们弄得精神疲倦

一些老师与家长往往不重视孩子的身体和精神的教育，一味强调知识教育，孩子们每天都在为考试奋斗，身体劳累，精神疲倦，体育锻炼和户外活动却越来越少。其实，孩子们的脑袋很聪明，但他们身体文弱、精神残缺，就像长在沙地上的树，风一吹就倒。中国未来的强大，绝不是指每个人都考上名牌大学，而是每个人都拥有强健的身体和独立的精神，不注重孩子身体素质和精神素质的培养，即使成绩再优秀、财富再多，也不会有真正成功的人生。

家庭是你我的大后方

当我们在工作或创业的时候，总会被一堆工作压得喘不过气来，这时候如果家里再发生一些大事小情，必将分心。想要心无旁骛地工作，就先要稳住家这个大后方。在过去很长一段时间内，我看到很多学员在学习的过程中，自己的企业虽然获得了长足发展，家庭危机却频频爆发。这也是我开设《幸福有方》课程的原因，传统文化是解决这个问题的有效途径。家庭是企业家的大后方，后方着火，企业绝无可能获得持续的发展，唯有家和才能业兴。从长远来看，即使企业发展得不错，而家庭没有建设好，婆媳关系、夫妻关系、子女教育问题等一团糟，企业家也将永远无法真正体验到成就感和幸福感。

家庭是人生的第一个课堂

为了让孩子不输在起跑线上，很多家长都给孩子报各种辅导班，孩子不是在上学的路上，就是在去往辅导班的途中。放学时间被抢占，周末时间被占用……但结果呢？大概很少有哪个家长看到了自己想要的结果。家长不愿意学习，即使给孩子交再多学费，让孩子学再多东西，也于事无补。很多家长把教育孩子的责任全部推给老师，殊不知父母才是孩子的第一任老师，家庭才是孩子人生的第一个课堂。对孩子一生影响最大的人，就是父母；对孩子影响最大的环境，就是家庭。你都不愿意改变，凭什么要求孩子改变？想让孩子好好学习，天天向上，家长就先要好好学习。真正爱孩子的家长，为了孩子的成长，定然会心甘情愿地学习和改变。

财富的本质就是能量

随着人们生活水平的提高，家长都会给孩子一些零花钱。这里的零花钱，有的是几十元，有的是几百元，有的甚至数千元。难道给孩子更多的钱，就是对孩子好吗？我认为，不要给孩子过多的财富。孩子还没有驾驭这种财富的能力，给他（她）过多的财富，就是在害他（她）。要舍得让孩子经历风雨，不经历风雨，孩子永远学不会承担责任，永远学不会勇敢和坚强。

● 他人

即使真的观点一致，也不代表可以合作

社会性，是一个人的本质属性。除了自己以外，我们都需要跟他人交往。但如何才能提高交往质量呢？如何才能改善合作效果呢？有人曾跟我诉苦，说自己又被好朋友骗了。我问他你是如何定义好朋友的，他说这个人的想法和自己高度一致，初识便有相见恨晚的感觉……可是，你又怎知他不是故意迎合？即使真的观点一致，也不代表就可以合作。能否合作的条件有很多，合作之前必须全面了解，切不可以偏概全、一叶障目。多年前读《羊皮卷》，有句话印象特别深：千万不要因为和某些人在某些地方有共鸣，就误把他们当作挚友。

世上最大的悲哀就是虚伪泛滥、真情难觅

我经常会听到诸如“社会太现实”之类的感慨，其实，你怎样你的世界便是怎样。对于这个世界来说，最大的悲哀就是虚伪泛滥、真情难觅。年轻的时候功利心太重，就会失去自己的本心，让自己过早地变得油腻，甚至成为自己曾经憎恶的那种人。年轻的时候需要的是朋友，而不是人脉；风华正茂的年纪，本该享受友情的滋润，却给自己戴上一张虚伪的面具，被过度的社交消耗。只有没有目的的交往，才能真正打动人心。

帮助别人的目的，并不是回报

有人说，如果好人没好报，我们为什么还要做好人？这个观点貌似让人难以反驳。我们坚持做好事，不是为了好报，而是坚信这样做是对的，也不是图他人的回报，而是自己内心的欢喜。如果帮助别人就是为了回报，或者是别人的褒奖，这样的出发点就是错的，真正让你痛苦的，是你内心对“好报”的期待。遗憾的是大多数人并没有这样的境界，所以才需要有各种各样的奖励机制，用“好报”去成就更多“好人”。一开始因为有“好报”所以才会争先恐后地做“好人”，但是在做“好人”的过程中，感受到比“好报”更重要的东西，即在帮助别人的过程中，感受到了自己生命的价值，个人的思想境界就得到了升华。

人生最好的状态就是心甘情愿

人生最好的状态就是心甘情愿。只有心甘情愿地去做一件事情，才能提高工作的主动性，效果往往也是最好的。自己不想做的事，或者被他人强迫去做，就容易拖拖拉拉，更无法全情投入，而是敷衍了事，效果多半还很差。人生最差的状态就是心不甘情不愿。明明内心不接受，却要逼迫自己继续；明明对现状不满意，却又不做任何改变。无法集中注意力，这事不论做到什么程度，于你来说都是一种消耗。唯有心甘情愿地去做事，才能滋润你的生命。

别人愿不愿意去做一件事并不是因为它的难易，而是它是否值得

他人没有帮助自己便耿耿于怀，这种想法本身就是荒谬的。别人为什么要帮助你？那是因为你值得。原本只是一件举手之劳的事情，对方却不愿帮忙，只能说明你不值得他这样对你。别人愿不愿意去做一件事并不是因为它的难易，而是它是否值得。遇到问题的时候，你需要做的就是，要么把这件事变成一件跟对方有关的事，变成一件他值得做的事；要么把自己变成一个对他有用的人，变成一个他值得帮的人。除此之外，别无他法。

趋利避害是所有人与生俱来的本能

趋利避害是人类与生俱来的本能。看到对自己有好处的，人们一般都会主动靠近；遇到对自己有伤害的，多半都会快速远离。这就是人性，不分对错。脱离痛苦、寻求解脱，就是人们趋利避害的一种表现。但问题是，很多人沉浸于趋利避害，只要自己觉得不舒服，就立刻寻找慰藉，不给自己留一点时间去认知和体验。一旦养成这种习惯，就好比掩耳盗铃，虽然将自己的耳朵捂住了，但痛苦和灾难没有真正远离，因为你从未正视、从未曾体验，更不曾战胜。

滴水之恩涌泉相报的前提是，在他（她）缺水的时候给他（她）一滴水

升米恩，斗米仇！当他人遇到困难的时候，如果你能给予他很小的帮助，他都会感激你。但如果你给的帮助太多，让对方产生了依赖，一旦停止帮助，就会让对方憎恨，甚至还产生仇恨。自古以来人们都感动于滴水之恩，而对于锦上添花的行为，却趋之若鹜。在别人好的时候对他好，你的付出会被除以十，因为这个时候对他好的人太多。在别人不如意的时候，你却对他好，你的付出就会被乘十，因为这个时候只有你对他好。滴水之恩涌泉相报的前提，一定是在他缺水的时候你给了他一滴水。真正的善，是消除分别心，不论他是穷是富，我都愿意伸出援手。因为我发心至纯，因为我的帮助并无所图。

爱出者爱返，福来者福往！

大千世界，万事万物相互联系、相互影响，甚至环环相扣，利己和利他之间并不存在太鲜明的界限。当我们把水往中间拨的时候，水就会往两边流；当我们向两边拨水时，水反而向中间聚拢。这就是关于他人与自我相处之道的形象比喻。爱出者爱返，福来者福往！你用爱对待别人，别人也会用爱来回报你；你用金钱、智慧等去帮助别人，将来也会得到更大的福报。乐于奉献爱和布施福德的人，更容易得到别人的爱和恩惠，这也是因果循环的真谛。

生命中遇到的小人多，只会有两种可能

小人就像夏天恼人的蚊虫、干净街道上散发恶臭的垃圾，令人生厌，恨不能除之而后快。所有人都怕“犯小人”，生命中那些不愉快的回忆也大多与“小人”相关。其实，生命中小人多，大多数只有两种可能：第一种可能是你的心眼太小，即使是芝麻大的小事，也被你当作大事，然后耿耿于怀，过不了心里那道坎，内心太脆弱，太容易被伤害；第二种可能是你太弱小，经常被现实揍得遍体鳞伤。为什么小人总是去招惹你，因为他早已掂量过你的实力。

当你布施的时候，其实自身也在“被布施”

有人认为布施就是给予，就是帮助他人，其实不然。当你布施的时候，其实自身也在“被布施”。把爱奉献给他人，得到最多的不是别人，恰恰是我们自己。其实“化缘”也是一种布施，因为能够激起人的慈悲心。更深层次的奥秘是，布施的关键不仅是这样做到底能为他人解决多少问题，而是自己也能借此学会放下自己的执着。久而久之，外在的行为就会影响你的内在，习惯布施的人比较容易剔除烦恼。

第二部分

创业智慧

一、

改变认知，是创业逆袭的最佳途径

创业，拼的不是初速度，而是加速度

关于创业，要先想想：你是打算用3年时间去做这件事，还是打算用30年时间去做这件事？不同的答案，用的方法也不一样。把时间轴拉长了去看，做事的从容程度都会不一样。这也有助于让你养成思考的习惯，逐渐看清事物的本质。创业最重要的不是做事的初速度，而是最终能否把事干成；不是追求短期的小速度，而是看中了一个大方向，打穿打透，一招制敌，动作越多越消耗体力。一言以蔽之，方向对了，慢就是快；方向错了，快就是慢。创业，拼的不是初速度，而是加速度。

创业的起点，是致力于解决问题

如果你都不敢跟别人说自己在做什么生意，创业成功的可能性就微乎其微。创业的起点，是致力于解决问题，问题越大，你的发展空间就越大。但是，还有一个很重要的逻辑——为什么是你？凭什么客户会选择你？如果谁都可以做，即使是再大的市场也会被抢占，个人的机会也会变小。如果一桩生意很容易被别人模仿，它肯定做不大。不敢让别人知道，充其量只是一个灵光乍现的点子，这样的生意太脆弱了。什么样的生意才够“硬”？就是所有人都知道你在做什么，但是谁都学不会。

选择从 0 到 1 的创业，还是从 1 到 100 的创业？

创新有两种：一种是从 0 到 1 的创新，一种是从 1 到 100 的创新。同理，创业也有两种：一种是从 0 到 1 的创业，一种是从 1 到 100 的创业。中国人最擅长的是从 1 到 100 的创业，比如，开个服装店，开个奶茶店，就算是创业。真正从 0 到 1 的创业，可能 1%的比例都不到。所谓从 0 到 1 的创业，就是以创新为核心，以研发为驱动，是开创性地，甚至是革命性地开创一个新项目。当然，这两种创业模式各有利弊，从 1 到 100 的创业，风险一般都是可控的，成功率更高，至少不会血本无归；从 0 到 1 的创业是非黑即白，不成功便成仁，要么一举成功，要么一败涂地。

没有“三资”，不开公司

在自然界中，万物生长靠三要素：阳光、空气、水；在商业世界里，企业成长靠三资：资金、资源、资质。在一个企业里，老板的运营能力主要体现在盘活“三资”上。创业中遇到的瓶颈，都是“三资”不足造成的。《孙子兵法》讲，“胜兵先胜而后求战，败兵先战而后求胜”。解决问题的唯一方法就是在二次创业之前先搞定“三资”，没有“三资”，不开公司。

慧眼识珠，找到创业机会

2022 年，哪些领域有创业机会？回答是：消费服务升级、产业互联网和新科技。其一，人类过去 200 年间，没有一天不是在消费升级。其二，中国的各个产业正在经历以自动化、数字化、智能化为核心的新一轮产业升级，供给侧改革是个很长远的科学规划。其三，新科技，不言而喻，人类社会的每一次经济萧条，从来都不是因为人口结构，而是因为科技停滞不前，科技永远是推动人类社会发展的核心力量。

不要纠缠于“长期”和“短期”

很多时候，“长期”已经成为很多人不做事情的借口 。事情既然摆在眼前，就要去做。很多时候，我们都会给自己找一些冠冕堂皇的理由，比如“这是长期项目，等等再说”，于是“长期”变成了“无期”。并不是不能接受“长期”，而是千万不能把“长期”变成“遥遥无期”。做任何一项工作，都要给它制定一个期限，否则，效率必定低下。一旦有了时间压力，事情做起来也就没有那么难了。

把行业做小，才能把市场撕开一个口子

创业，不要只知道吹大概念，跟大风口，而是要找到一个很小的切口，找准用户痛点，哪怕很小，但是够强烈、普遍、高频，就有可能把市场撕开一个口子。不要光看大行业，不要光谈大概念，再大也和你没有关系，因为你做不了那么多事。你要做的就是在当中找准自己的机会点，找到立足的根本。

只有用密集猛烈的炮火进行饱和攻击，才可能取得局部优势

创业，就要把产品的库存减到最少，集中自己所有的力量先打造一个爆款产品，这是小企业唯一且最佳的选择。在现实面前低头，客户要什么我们就卖什么，什么赚钱我们就做什么，只能沦为小公司，甚至一直要为生存苦苦挣扎。特别是创业公司，早期没人没钱没时间，更要学会克制，懂得拒绝诱惑，集中火力做一个好产品。只有用密集猛烈的炮火进行无休止的攻击，才有可能取得局部优势，否则只能被市场无情淘汰。

二、

勤耕：勤耕不辍，才能取得最好的创业效果

所谓厚积薄发，就是花 80% 的时间去播种和耕耘，而在剩下的 20% 时间里，等待开花结果

很多人发财，可能只用了三五年的时间。而赚第一个一百万元，可能要花 3 年、5 年甚至更久，但从一百万元到一千万元，可能就是一转眼的工夫。现实中，人们只看到你的成功，很少看到你背后付出的努力。所谓厚积薄发，就是花 80% 的时间去播种和耕耘，去打基础；而在剩下的 20% 时间里，开花结果，收获成果。所有你想要的，都会在最后的 20%的时间里如约而至。不要觉得成功只需要少许的努力，而是更多的努力你已经在前面付出了。

要想在事业上获得巨大的成功，就要有“强烈的愿望”

要想在事业上获得巨大的成功，就要时刻保持“强烈的愿望”。稻盛和夫先生在《活法》一书中写道，如果怀有强烈的愿望，不肯放弃自己的梦想，就会不断思考，想出良计妙策去实现自己的愿望。只要抱有发自内心深处的强烈愿望，哪怕在睡梦中，心中仍会思考克服困难的方法，就会萌生出令人难以置信的创造力。人一旦成为现状的奴隶，就会得出环境险恶、自己的梦想脱离现实的消极观念，在不知不觉中，自己也就成了现状的奴隶。

创业的起点仍然是“产品”

如今，创业的起点仍然是“产品”。如果从产品切入，相对来说会比较容易成功。找到一款不错的产品后，拿着它不断地找客户、找市场，可能是一个比较快速的方法。但是大部分创业者都有个缺点，就是拿到产品后不愿意去反复验证，直接跳过市场建立自己的团队，然后就开始投入生产。但如果从产品切入，就需要严谨地求证：谁需要这样的产品和服务？客户在哪里？市场有多大？该如何连接？接下来，才能确定具体的团队。搞错了基本逻辑，只靠一款产品，创业自然就变成了一场高风险、成功率低的游戏。

企业的利润一般来自两个方面

企业的利润一般来自两个方面。一方面是市场的平均利润。只要身处某个行业，就有一定的盈利空间，相当于行业利润的平均值。另一方面是企业本身营业利润的差别。这种差别主要表现在有些企业利润不错，有些企业却赚不到钱。而那些利润不错的企业又有三种表现：第一种表现在规模效应上，第二种表现在技术效率上，第三种表现在管理效率上。所以，没有不赚钱的行业，只有不赚钱的企业。

处于生死存亡的关键时期，必须把生存放在首位

初创期的中小企业处于生死存亡的关键时期，创始人必须抓住重点，把生存放在首位，具体表现为：重视销售，“全民皆兵”做营销，千万不能本末倒置。即使企业有再好的战略、再伟大的设想、再优秀的产品，如果连活下来都做不到，一切都是空谈。这个阶段的公司，不能雇用太多的非业务人员，建议控制在10%以内。优化组织架构，把营销部门作为核心部门。集中火力猛攻市场，上下同心，生存第一。

创业最忌讳的就是从头开始

有人说，老师，我每天都在寻找新项目。在我看来，这不是拥抱变化寻找机会，更像是一种投机。创业最忌讳的就是从头开始，那意味着前面的付出变得毫无意义。每天都从头开始，只能说明以前都是失败。我所说的二次创业，不是说从零开始，而是站在上一次创业的“肩膀”上，认真洞察变化，寻找变化背后的机会，判断机会的真伪，再去寻找新项目。认为周遭都是机会，才最危险。那些最诱惑你的选择，通常不是上天给你的机会，而是命运给你出的考题。

要经营好一份新的事业，必须做好两点

企业要想实现新增长，经营好一份新的事业，必须做好以下两点。首先，要敢于用新人。老人虽然有经验、有资源，但思维方式往往受限，工作状态下滑，所以要敢于使用那些有更大的进取心、有更强的创新意识和能力、充满干劲的人。其次，还要帮新人扫除障碍。公司内部的旧制度往往会阻碍创新，要先将新事业独立出来，给它足够的空间，敢于投入，勇于承担风险，要改变甚至废除一些公司原有的制度，为新事业的成长提供更好的契机。

光看到推销，看不到市场，必将累死三军

企业家要有全局观，光看到推销，看不到市场，只能是“一将无能，累死三军”。拼命让业务员做销售，疲于奔命，却达不到自己想要的结果。经营者要担起的一个责任，即为业务团队发现一个新的“蓝海”，而不是简单地拼人力和物力。企业管理有三个层面的问题，分别是战略、战术和战斗。具有全局观的企业家，通常都会考虑到这三个问题，且遵循其内在的逻辑。战略问题没有解决，战术就不可能得当；战术问题没有解决，战斗就不可能轻松、快速地取胜。

如何看一个企业的成长性？

如何看一个企业的成长性？一般来说，可以从如下五个维度来判断。

1. 所处行业：是指行业的趋势，一个伟大的企业一定是被趋势放大的，赛道是企业成长的基础因素。

2. 市场容量：是指企业离天花板的距离，距离越远，企业越值得投资，成长空间也越大。

3. 核心团队：是指根据人来判断企业是否值得投资。核心团队的构成、相互之间的关系，以及核心成员的能力，对企业的成长有着致命的影响。

4. 技术能力：是指企业在某一领域是否具备竞争优势，不仅看企业创新投入的能力与研发能力，还要看企业将技术商品化的能力。

5. 品牌 / 渠道。在有些行业中，这个比技术还要重要。因为只要有了品牌 / 渠道的优势，企业就容易进入快速增长的轨道。

不断钻研和创新，会带来意想不到的进步

将注意力集中在今天，不断从事创造性工作，即使只是前进一小步，日积月累，也能跨出一大步，最终实现重大的自我革新。“钻研创新”这个词听起来好像很难，但其实就是明天胜过今天，后天胜过明天。对工作方法加以改善，即使是同样的工作，今天用这个方法试试，明天也可以思考有没有效率更高的其他方法。时时用心、不断钻研，会给自己带来意想不到的惊人进步。要想实现梦想，除了每天扎扎实实的努力、不断积累经验外，别无他法。

用足够的时间来填充，才能“乐业”

一般来说，人生要经历三个阶段：学习、经历和确认。这说起来简单，但很多人一生都做不到。多数人的人生轨迹都相同，二十多岁在学习，三十多岁在经历，到了不惑之年才会对人生和事业进行更多的思考，最终在众多的经历中生成自己的体验，在无数次的试错后终获确认，而后心有所属。这个过程必不可少，且需足够的时间来填充，“乐业”谈何容易？年轻时不要慌张，迷茫反而是常态，但不要因此放弃尝试和探索。中年时不要轻易妥协，现实再残酷，也要有自己的诗和远方。即使到了五十岁才找到它，也为时不晚。一旦找到，人生就会变样。相信我，它值得你去寻找。

三、

脱困：积极应对，顺利走出经营困境

输了就垂头丧气，永远都成长不起来

在创业的道路上，最可怕的不是失败，而是输不起。如果赢了就意气风发，输了就垂头丧气，就永远都成长不起来。成功需要经验值，而获取经验值最快的方法就是——输过、输过、输过。普通人和成大业者最大的区别是什么？普通人输不起，一旦失败了，就一蹶不振；大成者输得起，看淡得失，笑看风云。强者永远中性，大胜不会大喜，大败不会大悲，只有事情太小，没有心情好坏。输了赢了，只是个结果。输过赢过，才是最宝贵的经历。大成者是以长远之心看当下，用长征精神度人生！

避重就轻，永远找不到真正的问题所在

曾经有个下属，连续几个月他所带的部门业绩都很差，我问他原因在哪里，他说自己这两个月“状态不好”。我不满意这种说法，因为他的回答让我觉得，他的能力没有问题，做事方法没有问题，甚至投入精力的程度也没有问题，只是状态问题。面对问题的时候如果总是避重就轻，就永远找不到真正的问题所在，也就无法成长。其实，我们不怕失败，就怕不知道失败的原因，然后一次次重蹈覆辙。把结果不好的原因简单粗暴地归结于“状态不好”，是一种极不负责任的说辞。对于一个真正有实力的人，根本就没有什么状态好坏之分，而是会让自己始终处于一种稳定状态，这就是实力。

不经历数九寒冬，哪来春生夏长、春华秋实

这是一个最坏的时代，也是一个最好的时代。之所以说它坏，是因为对企业来说，改革的红利马上就要吃光，一个周期即将结束。好是因为对个人来说，这恰恰是我们重新审视自己、提升自己、练好内功最好的时机。不经历数九寒冬，哪来春生夏长、春华秋实。在这个阶段，我们要做的就是内求定力，外联共生。向下求深度，向外多融合，直至凤凰涅槃，浴火重生。只要心中那团火不熄灭，就永远都有希望。

没有自我革命的魄力，很难再次获得成功

我们的希望到底在哪里？先看外部环境，老周期既然落幕，新周期就必然到来，正所谓否极泰来，百废待兴，欣欣向荣。但是，在新环境中一定会面临新的挑战，没有自我革新的魄力，没有足够的智慧和定力，就很难再次获得成功。在这个新周期里，不再有粗暴的增长和简单的成功，随着业余选手批量退场，未来一定是职业选手的天下。再看内部因素，传统企业家在一次次创业过程中积累的大量“三资”，是二次创业的基础，这让我们比其他创业者都具有更大的优势。只要心中那团火不熄灭，就可以照亮我们二次创业的道路。

在创业过程中，要学会把失败当作常态

在创业过程中，要学会把失败当作常态。成功可能要花十年，但是失败可能只要一天；成功一个阶段只需要一次，但是经历的失败却是N次。你看到的所有成功的企业家，无一不是在失败中成长起来的，没有经历过九死一生，就无法锻造出后来的强大人生。不要对失败太过恐惧，种种对失败的设想，会打破你的全神贯注。马云说过一句话，我至今印象深刻：“我不知道如何定义成功，但是我知道如何定义失败，那就是放弃。”是的，只要不放弃，就不算失败。就算真败了，又能怎样？既然可以白手起家，明天就有可能东山再起。

创新的背后是风险，风险的背后是实力

企业创新面临很大的阻力之一，就是缺乏企业家精神。创新是有风险的，越是突破性的创新，越需要承担更多、更大的风险。创新的背后是风险，风险的背后是实力。所以，没有获得资本支持的创业公司、没有深厚资本原始积累的初创公司，很难取得突破性的创新。具备创新条件的公司要进行多次突破性的创新，从事更多从 0 到 1 的创新。具备了创新条件却又不主动革新、不持续创新，不愿意加大创新上的投入，要么就是战略上的短视，要么就是缺乏冒险精神。

四、

传承：找到接班人，打造百年企业

真正的领导力是无法被授予、指派或委任的

人们经常对领导力产生误解。比如某个人有个很响亮的头衔或被任命某个领导职务，就会想当然地认为那个人就是领导者。不过，谈到领导力，头衔其实并没有太大意义。有领导力的人没有头衔，一样可以发挥强大的影响力，头衔并不等于领导力。真正的领导力是无法被授予、指派或委任的。因为真正的领导力来自自身的影响力，而影响力是无法被委任的，必须靠自己去赢得。头衔带来的唯一东西就是一点点的时间——你可以利用这点时间去提升自己的影响力，但也可能在这段时间内让所有的影响力消失殆尽。

寻找有德行、有担当、有智慧的人来带领企业向前

如今，许多企业家正在经历共同的痛——传承。其实，企业家培养接班人，本来就是个大坑，这也是个伪命题。接班人的第一个前提是意愿和兴趣，第二是能力是否胜任，这也是最基本的条件。如果这两个条件都不具备，你辛辛苦苦打下的江山，迟早要被别人搞黄。新时代，还搞“世袭制”，不倒才怪。宁愿被搞黄，也要搞“世袭制”，这不是智慧问题，而是格局问题。真正优秀的企业家，会寻找有德行、有担当、有智慧的人来带领企业继续向前，走向辉煌。

企业家要搞清楚，儿女可以传承你的什么？

企业家要搞清楚，你要让儿女传承的是什么？第一是创业的精神，第二是商人的思维，第三是家族的财富，第四才是你的事业。其实，传承到了前两条，他就已经具备了创造财富的能力。如果这两条他都没学会，哪怕再家大业大，纵有金山银山，恐怕也要败在他手上。这就是林则徐说的："子孙若如我，要钱干什么？贤而多财，则损其志；子孙不如我，留钱做什么？愚而多财，益增其过。"第三条，如果继承你的财富，他们就会具备比其他人更高的起点。第四条反而是最不重要的，他若志在此，那就是水到渠成；他若志不在此，也照样可以海阔凭鱼跃，天高任鸟飞。

临时抱佛脚，相当于揠苗助长

如果想要孩子接班，应该怎么培养？应该从小就有意识为之，临时抱佛脚就相当于揠苗助长。在孩子成长的过程中，就要培养孩子对商业的兴趣，兴趣是最好的老师；加深孩子对行业的认知，让他体会到事业背后的意义；注重自己在孩子心中的形象，让自己成为孩子的榜样甚至偶像；培养孩子的领导气质。领导力的修炼，绝非一朝一夕的事，一个具备长远眼光的企业家，应该把这件事上升到“战略”高度。由于创业初期太忙，所以忽略了对孩子的培养，或者缺少本该有的陪伴，甚至连最基本的教育都缺失，这种环境中成长起来的孩子，能够“成人”就已经不错了。

五、

觉醒：企业的觉醒，主要在于创业者的觉醒

对气质和基因这件事存有敬畏之心

企业一定要对气质和基因存有敬畏之心。每个企业都有自己的气质，且只能做好与自己气质和基因相符的事情。有人说，华为的气质有些“土狼”。其实，土狼有土狼的路，不能以对方的基因来苛责。我曾经去过“小红书”的办公室，这是一家典型的小文艺、小清新气质的公司，“文艺”与“清新”自然也就成了“小红书”产品与服务的核心特点。

放大自己的优势，也是一种顺势而为

一个人能够获得成功，通常都是懂得放大自己的优势，这也是一种顺势而为。不明白自己的优势、不能利用自己的优势，绝无可能获得真正的成功。这也是我们所说的“天赋”的重要性。但是，你真的知道自己的优势吗？德鲁克先生说：“任何人都觉得很清楚自己的优势。但是，这种想法大多是错误的，人们清楚的只是劣势。”的确，几乎所有人都知道自己不擅长做什么，很多人甚至一辈子都不清楚自己适合做什么。

企业家应该致力于成为一个“造钟者”，而非“报时人”

你到底是要做一个伟大的企业家，还是要做一家伟大的企业？这是两件事情，两者之间还存在难以调和的矛盾。一个非凡和卓越的企业家，对企业的持续经营弊大于利。当个人的光芒覆盖了企业，到底是个人的成功，还是企业的成功？这种成功能被复制吗？这样的兴盛能延续多久？在《基业长青》一书中作者提到，一个成功的企业家应该致力于成为一个“造钟者”，而非“报时人”。真正具备远见的企业家，不仅让自己发光，还会让企业发光，致力于打造一个让企业持续运营的机制，即使有一天自己不在了，它也能健康运转。

顺序不对，越做越累

经营企业通常要经历五个阶段，这五个阶段也是我们做事情的顺序，顺序不对，越做越累。

1. 先举旗帜再聚人。旗帜就是主义：从哪里来，到哪里去？体现在公司经营里，就是文化要成型。

2. 先画图纸再做事。图纸就是路径：商业模式解决连接客户的问题、盈利模式解决获取利润的问题，思路必须成型。

3. 先有价值再有价格。产品能为客户解决什么问题？是不是他的一级痛点？你创造什么价值就能获得什么回报，产品必须成型。

4. 先找市场后建工厂。先找到客户群，然后形成订单，再根据订单安排生产，不能先把产品生产出来再满世界去找客户，渠道必须成型。

5. 先定机制再做管理。筑巢引凤，用战略吸引人才、用机制留住人才，机制必须成型。

成大业者，必具备非凡的思维！

凡成大业者都要经历几次生命的“重生”，而最大的重生就是思维的蜕变。为什么同行之间存在巨大的差异？因为虽然你们从事同一个行业，但思考的维次已经不在同一个世界。为什么有些企业可以脱颖而出成为行业冠军？因为老板已经拥有了对这个行业最深刻的洞察力，具备了这个行业最领先的思维方式。就连营销也是一样，营销的最高境界就是改变别人的思维模式，进而影响消费者的购买标准，从而不销而销，成为行业领袖。

想要持续成功，绝不能靠赌

有人说，经营者都带有赌性。的确，中国第一批获得成功的民营企业家身上或多或少都有一点“赌性”。赌性的背后是胆量，在那个年代，胆量越大，越容易获得成功。不过，个人的成功可能是因为赌，但想要持续成功，绝不可能再靠赌。表面看起来别人在云淡风轻地“赌”，实际上他们之所以能在关键时刻做出正确决策，靠的不是赌，而是精准的判断。这是一种通过长期思考、学习和实践建立起来的“感觉”，他们可以洞悉市场的瞬息万变，把握一般人看不到的未来。

成功者背后都有更牛的存在

罗永浩首次直播带货成交额一亿多元，团队净收入超过 2000 万元。很多人都在感慨老罗太牛，却忽略了他背后那些更牛的存在。

1. “抖音”太牛。以互联网为工具，以短视频为媒介，瞬间实现了人与人的连接，这是这个时代的技术红利。

2. 个人品牌太牛。整个直播虽然流程粗糙、过程生疏，甚至还犯了严重的错误，但并不影响三个小时一亿多元的销售额，说明与技术、能力无关，发挥关键作用的是个人品牌，是其在直播之前就和消费者建立起的心与心的连接。

3. 这个时代太牛。一个主播一年的收入，居然是 N 家上市公司一年的总和；一场直播创造的利润，超过一家上市公司一年的利润。历史上没有一个时代像今天这样给“小人物”也提供了平等的上位机会。

搞清楚一件事：老板和员工到底是什么关系？

企业为什么总有内耗？老板总觉得自己成就了员工，员工总觉得自己成就了老板。有些老板总说员工不懂得感恩，那你懂得感恩吗？想要消除内耗，老板必须先搞清楚一件事情：你和员工之间到底是什么关系？只有看穿本质，才能提高效率。老板和员工是基于企业这个载体上的合作关系，只有齐心协力，才能将企业做好，实现共赢。企业好了，就是相互成就；企业不好，就是相互毁灭。钩心斗角，置身事外，企业就会垮掉。覆巢之下，岂有完卵？优秀的企业，老板都会对员工心存感恩，彼此惺惺相惜，携手共进，勇攀高峰。

老板一定要懂业务吗？不一定

有人认为，要想创业成功，老板就先要懂业务，如果不了解，只能上当受骗。老板一定要懂业务吗？不一定，但一线干部必须懂。基层干部不懂业务，管理工作就抓不到重点，团队也就带不好。高层领导可以不懂业务，但下面必须有一帮懂业务的基层干部。老板的价值不在于发挥自己的业务能力，而在于提高他人的业务能力。可怕的是，一个老板的业务能力超强，下面的干部业务能力却一塌糊涂，导致老板整天都很“忙”。更可怕的是，老板不懂业务，却跳过这帮懂业务的人直接管理，最后使团队陷入“盲”的状态。

开公司、办企业，都是为了创造价值！

很多人谈商战，其实根本不存在商战这一说。战争是一种零和游戏，企业竞争最主要的是企业和用户的关系。很多企业不关心谁给他饭碗，只关心谁抢他饭碗。我们的目标从来不是为了打败对手，而是希望给世界带来更好的变化。我们只希望自己在社会上、在世界上、在老百姓用户心里是一家好公司。做好公司比做强公司更难，好公司是担当、是责任、是善良。没有人创业是为了和别人竞争，我们开公司、办企业是为了创造价值！

六、

成长：提高创业者素养，打造优秀企业

拥有改变的勇气和决心

企业底子差、公司小、力量弱等都不可怕，越是小公司，越容易改变，基数越小越容易倍增，只要你有改变的决心和勇气即可。而那些已经步入成熟，并达到一定规模的企业，想要增长一点，简直难于登天。

企业家要有足够高的格局和境界

企业真正的战略源泉，是企业家有足够高的格局和境界，从而拥有足够的战略定力。战略定力有多深，企业战略就会有多大。一颗迷失的心灵会错失近在眼前的机会，一颗纯粹的心灵能够敏锐感知身边的机会。企业只要读懂了客户，就能够制定出优秀的战略，而真正的大战略则需要企业读懂这个时代、读懂社会结构的变迁、读懂对美好人性的渴望。因此，唯有不断修习，保持对自身的高要求，拥有更高的格局和境界，企业家才能看清行业趋势、读懂社会需求，制定出真正的大战略。

只要是创业者，都应得到足够的尊重

很多创业失败的人，仍然热情高涨地进行二次创业、三次创业……事实也证明，只要有勇气成为一个“连续创业者”，成功的概率就会不断增加。为什么呢？因为社会环境对于创业失败者给予了更多的包容。亲人不会因为你失败了而对你失去信心，朋友不会因为你失败了而觉得你是一个失败者，员工不会因为你失败了就给你贴上无能的标签，合作伙伴不会因为你失败了就对你避而远之，……创业是一件很光荣的事，创业者都应该得到足够的尊重。

你的发心就是事业的种子

东方文化鼓励应首先改变自己的内心，正所谓“诚意、正心、修身、齐家、治国、平天下”。“诚意正心”这四个字是讲人的起心动念，是说意念诚实心思正方可修身，而后才能齐家治国平天下。释迦牟尼在菩提树下发下大愿：“若不圆成正等正觉的佛果，宁可碎此身，终不起此座。”这就是佛祖纯粹的起心动念。唐玄奘西行取经时曾立誓：“若不取得真经，绝不东归一步。”正因纯粹的发愿，终成一代圣僧。你的发心就是事业的种子，君子固本，本固而道生，如果种子出了问题，事业也断然无法枝繁叶茂。

企业家要有“干一行爱一行”的精神

许多企业家有个通病，即总觉得别人的行业赚钱，不将自己的精力放在主营业务上，而是整天想着走捷径。大多数人的结果就是什么都想做，可什么都做不好，一回头主业也荒废了。企业家要有“干一行爱一行”的精神，因为任何行业都可能出伟大的企业，任何事情只要用心就有可能创造奇迹。心不定，最终只能高不成低不就。要想干好一件事，就先得修出强大的定力。

企业家不懂得“断舍离”，就不可能有专精深

企业家如果仅仅以赚钱为目的，赚到钱就容易满足，不赚钱就容易放弃，那么遇到更赚钱的项目，就会挡不住诱惑，失去定力。企业家不懂得“断舍离”，就不可能有专精深。很多人之所以能够在创业这条道路上一直坚守下去，是因为他愿意承担更多的社会责任，不仅对自己负责，还对员工、客户等一切愿意选择并相信企业的人负责。他们会发展企业的社会属性，不仅拥有众多的社会资源，获得众多的商业利润，还会承担更多的社会责任。当你真正愿意做一个社会型企业家时，社会自然也不会辜负你。

大义面前，要勇于牺牲小我

很多人都无法平衡生活与工作、家庭与事业之间的关系，其实这也是所有企业家必须要面临的问题。稻盛和夫先生曾经说："不管回家多晚，我都会告诉太太公司里当天发生的事情。即使有时候讲述的时间很短，也都每天坚持。但即使如此，内心还是很纠结，因为孩子们长大后说我陪他们的时间太少了。邻家孩子的父母都会参加学校的课堂观摩活动、运动会及其他学校活动，只有我的孩子，他们的父亲从幼儿园到大学毕业，从来没有到过学校。"直到有一天，他看到詹姆斯·艾伦的话："要想成就了不起的事业，就要具备付出与之相应的自我牺牲的勇气。"这句话，拯救了稻盛和夫先生。在大义面前，勇于牺牲小我，守护客户、守护员工、守护公司，从而为社会发展和国家繁荣做贡献，就是其他任何事情都无法替代的人生勋章！

不要被列失信被执行人

浩沙是连锁健身行业的知名企业，其创始人却被列入失信被执行人名单，给所有企业上了一课。

1. 撤店潮背后是传统健身行业产品力的普遍不行，过去产品做 60 分就能打天下，而现在产品 80 分只到及格线，最大的硬伤是严重忽略用户购卡后的体验。

2. 渠道为王的特征就是一切为了销售，严重忽视复购率。

3. 挑战浩沙的有两股势力：一股是互联网健身势力的兴起，一股是私教工作室盛行。它们一个在产品上下功夫，一个在服务上下功夫，而浩沙只在营销上下功夫，最终将自己带进了这样的深渊。

成熟的企业家绝不会为自己的性格所限

这几年，接触到越来越多的优秀企业家，我发现他们既不属于冒险者，也不属于稳健者。旁人往往会因一件事、一个决策而对一个人产生片面印象，其实他们只是在正确的时间做出了最正确的战略选择，该进攻时绝不手软，该防守时绝不冒进，这才是真正优秀的企业家。企业家的成熟就体现在兼容了这两种风格，懂得审时度势，能够找到对自己最有利的条件；懂得顺势，能够紧跟时代潮流，顺势而为。不管性格如何，都不会限制他们的商业思维和行为。

企业没突破，说明老板的格局没突破

企业没突破，老板的格局就没突破。什么是格局？我们可以从以下三个方面来看。

1. 高度。把公司价值上升到行业价值，才能吸引更多人才；把行业价值上升到社会价值，才能整合更多资源。

2. 大气。把大生意当小生意谈，把钱当作工具，有千金散尽还复来的气度。

3. 远见。做一件事不是着眼于当下，而是能放眼未来。普通人只能看到一两个月最多一两年，你却能看到十年以后。只有这样，才能有足够的战略定力，才能有恒心。

根据上述三点可以得出一个结论：正确的方向 + 持续的奋斗 + 科学的方法 + 更大的格局，才能成就伟大的事业。

第三部分

自我管理

一、

心性：起心动念，由内而外散发出个人魅力

自信之人能听懂他人的话中话、话外话

真正自信之人会从善如流，不自信之人则会固执己见、刚愎自用。正如《中庸》所言：“愚而好自用，贱而好自专。”真正自信之人，能够听懂他人的话中话、话外话，看清事物的本质和缘起，因而在面对他人建议时能够从善如流。而不自信的人，就像孔子所说的“意必固我”，即固执己见，只会将自己片面的观点、方法、见解、知识等牢牢掌控在手里，不许别人触碰。虽然能够带来暂时的安全感，但是会在关上自己心灵大门的同时，错过让自己成长的机会。真正自信之人，有足够的能量影响他人。真正自信的人，有原则，有底线，会更加严格地要求身边人，严格是一种更大的爱。

心中有美丽，到哪里都是鸟语花香

所谓不一样的风景，不是你走了一条鲜为人知的路，而是走了一条只属于你一个人的路；所谓生活在远方，不是你走了十万八千里，而是你站在原地，内心却不为眼前的生活所束缚。心中有美丽，无论到哪里，都是鸟语花香；心中有快乐，永远都会面朝大海春暖花开；心中有希望，心扉也会一直徜徉在希望的田野上。不要等到明天再去寻找幸福，因为明天之后又是另一个明天。不要等到未来才去实现梦想，因为当你说未来实现梦想的时候，未来永远都不会来。

怨天尤人，没有任何好处

相信困难总会过去，相信很快就能走出低谷，相信“一切都会好起来”……这些都只是“乐观”的一面。真正的乐观不是盲目相信一切都会顺风顺水，而是一种允许失败的心态。怨天尤人，除了会使你的朋友越来越少、机会越来越少、生活越来越不幸之外，没有任何好处。不要总想着抱怨，干不好就轻易放弃，世界上的每份工作都有挑战，每个职业都会让人觉得枯燥，每家公司都有自己的问题。你要做的不是抱怨，而是换成积极的心态。团队出现问题，正是你脱颖而出的时候；市场难开发，正是证明自己能力的时候；工作难度大，正是证明自己的与众不同……一个人的积极并不是体现在总想改变环境上，而是积极改变自己。即使想改变世界，也要从改变自己开始。

进行随喜训练，就能看到自己的忌妒心有多强

只要逐渐放下不满和执着，就能慢慢减弱忌妒心，然后尝试去随喜别人的人生。所谓随喜，就是为别人的收获、进步、成功、健康和快乐等感到高兴。只有进行随喜这项训练，才能看到自己的忌妒心有多强。你力求冷静，尽量保持客观，也许只是不想随喜赞赏他人而已，你的委屈和失落不过是忌妒心在作祟。忌妒只会蒙蔽我们的双眼，使我们看不见别人的优点，并让我们的内心备受煎熬，对我们没有任何好处。忌妒表面上看起来是对别人不满，实际上反映的是对自己的不满，自己在哪些方面不如人，就会在哪些方面表现出对别人的忌妒。

等待和拖延只会夺走你的时间

不知道自己想做什么，就先把身边的事做好；不知道自己会遇到谁，就先学会善待身边的人；不知道现在做的事情有没有意义，至少先确定自己不是什么事都没做。迷雾里的你或许只能看见眼前的五米，但只要继续往前走，雾就会慢慢散了。等待和拖延只会夺走你的时间，拖垮你的人生，人生路漫漫，光阴最无情。走过的路，可能会有许多弯路、小路、险路、暗路，但都是必经之路，并不妨碍你最终走向人生的康庄大道。摆脱迷茫最好的方式，就是意志坚定且永不止步，只有这样，才有希望到达胜利的远方。

生活不一定是你想要的，但一定是你自找的

人生很奇妙，很多人人生际遇相同，结果却截然不同。那是因为各自境界不同，遇到事情时会有错误的抉择，最终造成了烦恼和困苦，形成了自己的不良习气，如同枷锁一般将自己困住，成为自己的“业”。如夫妻之间出现矛盾，你是反抗还是妥协，直接决定着接下来一系列的连锁反应。生活不一定是你想要的，但一定是你自找的。所有呈现在我们身边的人和事，都是我们的心力感召！起心动念都是“业”，这就叫“唯心所现，唯识所变”。

道德是一切的基础

一个人需要的不是更好的思想，而是更好的道德，因为这是一切的根本。什么是好的道德？就是能指导我们产生正确行动的思想。那么，这种思想来自哪里？王阳明先生说知行合一，是指“知”指导了“行”，所以“知”就是“行”。只要更好地知，就能更好地行。西方古老的自然哲学也认为知识就是美德。马奇在他的论文《愚蠢的技艺》中认为虚伪不一定是坏事，我们可以把虚伪看作是向诚实转变的前兆，或者是坏人可能在尝试变好。而在这个过程中，“知”是推动他们进行尝试的第一步。

二、

心力：内求力量，方可实现确定的目标

不要说“我没有想到”

我们经常会听到这样的声音：“我没有想到”，貌似“没想到”就是他逃避责任的理由。其实，不是他没想到，而是根本没有多想。

我有个习惯，就是从不用充电宝。每天早上出门前，我的手机电都是满的，如果下午晚上的旅途中需要用到手机，我一定会在中午把手机充满电，所以我不用充电宝，但手机却从未断过电。

我们原本可以过得很从容，很多时候大可不必让自己那么仓促和慌张，只要提前做好准备，抑或多想一步。

在逆境面前，要奏出生命的最强音

周国平说："多数人的矫情，根本原因在于他是平庸，却要冒充独特，因而是不老实的平庸。"一个人生来就平庸并不可耻，因为很多先天因素并非你能决定的。但是总有一些命运的强者，不甘于平庸，在逆境面前奏出了生命的最强音。大多数普通人，略作挣扎后无果就妥协，只能平平淡淡过一生。平庸并不可耻，这个世界又怎么可能人人都出彩？但是，有一种人就很可耻。他们既不愿接受自己的平庸，也不愿付出努力去对抗平庸，只会将失败的锅甩给外界，怨天尤人，愤世嫉俗，甚至安慰自己坐等风起，很多人，一"坐"就是一辈子。

多数人都不愿承认自己是错的

多数人都不愿承认自己是错的，这里包括两种情况。第一种是他根本没有意识到自己是错的。一个人在低维度形成逻辑闭环，是很可悲的事情，只要是这个维度以外的东西，他都无法接受。第二种是他明明知道自己是错的，却不愿承认，骨子里的优越感在作祟。这有点像西方国家对待中国的态度：中国的经济发展数据是公开的，他们总是不相信。事实证明，总想维护自己正确性的人，多数都是脆弱的，能够意识到错误的人才会越来越强大。

不轻易满足于现状，才能放大自己的需要

多数人通常不是处在舒适区就是处在挑战区，这和你的能力和自身需求有关。能力超过需求时，就会进入舒适区；能力弱于需求时，就会进入挑战区。最重要的是，能力大于需求，能力就会退化。能力小于需求，能力就会进化。对于多数年轻人来讲，不轻易满足于现状，才能放大自己的需求，从而建立更高的目标。因为只有这样，才能保证能力在进化。

真正要战胜的是自己

我们整天讲要战胜别人，要战胜困难，其实这个世界上哪有那么多人需要你去战胜，你真正要战胜的人是自己。工作太多无法完成，不是工作战胜了你，是你输给了自己的懒惰；客户刁蛮不好成交，不是客户战胜了你，是你输给了自己的不专业；生活太难压力太大，不是现实战胜了你，是你输给了自己的平庸。看上去像是没有战胜别人，实际上是你没有真正战胜自己，有了必胜的决心，全世界都会为你让路。每个“自己”都可以被战胜，只要你想。每天都能战胜自己，每天就可以进步一点点，这就是我们说的“不积跬步，无以至千里”。

三、

心智：心智成熟，努力提高对事物的认知水平

你所看到的一切，都是心的观照

日常所遇的“好”是自己，“坏”也是自己，外在的一切只是内心的投射。就像照镜子，不把自己的脸清洗干净，镜子里的人永远都会有污垢。你所看到的一切，都是心的观照。所谓唯我独尊的“我”也是在告诉我们，命运的好坏掌握在自己手中。心就像镜子，你来了，我就显现；你走了，我不留你，一切都“如是观照”。在纷繁复杂、充满不确定性，各种艰难困苦和喜怒哀乐的情况下，只有拥有“用心若镜，应而不藏”这种状态，才能保持一颗不变的心。

智慧的人生应该是平衡的

人生之事有两种：一是喜欢之事，二是该做之事。只想做自己喜欢做的事情，说明你还没长大；懂得做自己应该做的事情，才是真的懂事了，因为责任大于兴趣。智慧的人生应该是平衡的，工作的时间做该做之事，承担责任；休息的时间做喜欢之事，照顾兴趣爱好。圆满的人生是合一的，该做之事就是喜欢之事，喜欢之事即是该做之事，这样的人生，才会皆大欢喜。平衡，才是人生的真谛。

信念的力量就像种子的力量

信念的力量就像种子的力量，只要环境适宜，种子总能生根发芽，最终破土而出，甚至将石头顶开。有信念的人敢于直面自己的人生，哪怕是遇到种种苦难，也会坦然面对，以不屈不挠的斗志，卧薪尝胆负重的方式，认真学习与总结经验，脚踏实地地突破重重障碍，改变自己的命运。人生真正的失败不是名声的毁灭、财富的消失、生意的挫败，而是信念的崩塌，有信念的人永远不会被打败！

四、

修心：调整心绪，让自己的状态不再糟糕

找不到宁静的核心，就无法开启正确的世界观

只有知道自己真正想要什么，才能找到最适合自己的生活，外界的诱惑和尘世的喧嚣，对于自己来说，也就成了无关之物。让你的身体尽可能地在世界上忙碌，让你的心情尽可能地在红尘中起伏，但你的精神一定要有一个宁静的核心，让自己成为忙碌的身体和起伏的心情的主人。找不到这个宁静的核心，就无法开启正确的世界观，只会被自己的浮躁搅得天翻地覆。心性稳定的人，不会受任何事物的影响，反而能时时看见事物发展的来龙去脉。

一旦被情绪左右，智慧就会消失

所有的决策背后都有情绪的参与，所有的成功背后都有运气的参与。决策时多观照自己的情绪，比如在生气、愤怒、急躁时，尽量不做决策，就可以避免很多错误。人一旦被情绪左右，智慧就会消失。把成功归功于运气，就不会过分自信，有了这样的谦卑之心，就能不断获得成功。成功人士的过于自信和自欺欺人的侥幸心理，是管理心理学的常见病，甚至还是一种“顽症”。

人必须在事上磨炼，在事上用功

王阳明说："人须在事上磨炼做功夫乃有益。若只好静，遇事便乱，终无长进。那静时功夫亦差似收敛，而实放溺也。"意思是说，人必须在事上磨炼，在事上用功，才于己有帮助。如果只爱静，遇事就会慌乱，始终不会有进步。静时的功夫，表面上看是收敛，实际上却是放纵沉沦。这种情况，放在今天，叫作"逃避"，根本就不是收敛，而是"放纵沉沦"。事情总要面对，人要在事上磨炼，逃避是永远没有出路的。

学习的终极目的是让你成为一个更独立的人

学习的终极目的是让你成为一个更独立的人。学习不是拾人牙慧，而是通过别人的所想所说、所做对你形成不同程度的启发，引领你开启新的实践，并不断生成自己的体验。所有的学习都是为了唤醒你原本具足的智慧，这个“内因”比“外因”更重要。别人讲得再好都没有用，你所体验到的才属于你，只要把你体验到的感受形成一套自己的思维体系，且不断付诸实践，就能获得学习硕果。

真正爱学习的人，懂得“学无止境”的真谛

有个很有意思的现象：那些了不起的科学家，到了晚年都开始相信甚至研究神学，爱因斯坦如此，牛顿也是如此。后来，我才逐渐明白，有些人年轻时只要获得一些成功，就会觉得自己很厉害，以为自己什么都见过，什么都懂，什么都可以解释。但是当你岁数大了、经历多了，就会发现自己的无知，很多东西是自己解释不了的。这就是说“科学的尽头是神学”的原因。一个人知道的越多，越会发现自己知道的很少；反之，知道的越少，反而觉得自己什么都懂。这就是我们说的“满瓶不动半瓶摇”。所以，学习不仅会让自己变得更强大，同时还会让自己变得无知。但正因为这份“无知”，才会促使我们继续学习下去。只有真正爱学习的人，才懂得“学无止境”的真谛。

五、

力行：躬身力行，遇到最美的自己

天上永远不会掉馅饼

不要相信网上那些让你“躺赚”“秒赚”“稳赚”甚至“睡觉也能赚钱”的项目，天上永远不会掉馅饼，掉石头倒真有可能。首先，我每天都在和老板打交道，每天都要接触各种项目，但是众人口中这么厉害的项目，我都没有亲眼见过。其次，我见过各种各样赚钱的方式，不是付出体力劳动，就是付出脑力劳动，而不用任何付出就能轻松致富的说辞是不现实的。最后，如果你真的认为这个项目很赚钱，建议你先砸锅卖铁把自己身家性命全部押上，然后偷偷分享给自己最亲近的人，告诉他“千载难逢，名额还那么有限，切莫错过”。

在任何场合，都不要轻易说“不好意思，我没有准备好”

在任何场合，都不要轻易说“不好意思，我没有准备好”。每次听到这样的话，我都会对当事人大大减分，你接下来讲什么对我来说已经意义不大了。自己没有准备好，你还来干什么？是来耽误别人时间的吗？还是准备不充分，对自己没有信心，所以提前为接下来有可能的失败设定一个理由，就是“我都没有怎么准备”？你可以不赴约，但要去就应该有备而去，没有人会自信到不做准备，只是有人准备得充分，有人准备得潦草，仅此而已。而你准备到什么程度，完全取决于你内心的重视程度。没有准备，就是准备失败。

选择大于努力

我一直强调选择的重要性，也一直坚信选择大于努力。但是，选择的能力该如何提升？

1. 对选择的未来有清晰的认知。也就是说，个人的视野与现有的信息量足以判断这个选择是否适合自己的长远发展。而这种前瞻性的认知能力，要通过深入学习和大量对比分析而来。

2. 对自己的实力与选择的匹配度进行准确评估。个人的积累和成长速度能够撑得起自己的野心，且有着承受风险的能力。这种评估的唯一基础，就是过往的工作经验。

3. 比别人更广的选择面。通常来说，选择的面越广，出错的概率就越低。要想创造更广的选择面，就要创造更多的经历，增加自己与这个世界的“触点”。

年轻不是你放纵的理由，而是你奋斗的资本

现在很多年轻人不是拿着手机刷抖音、追剧、玩游戏，就是通宵达旦地透支自己的生命。本该在承受力最强的年纪冲锋陷阵，狠狠拼搏一把，创造自己人生的种种可能，却选择了意志消沉、漫无目的地活着。这个时代随时都有创业的机会，这个世界到处都有逆袭的可能，只要你有足够的勇气，并愿意付出更大的努力，就有可能获得一片属于自己的天地。年轻不是你放纵的理由，而是你奋斗的资本。

埋头苦干，成功可能会来得慢一点，但终究会守得云开见月明

与一位老朋友在微信上久别重逢，当年他离开城市回老家工作，没人看好。几年前再次听到他的消息，是他在四处借钱，说要开饭店，结果没有人帮他。现在他已然一个像模像样的老板，我发自肺腑地为他开心。当今社会，如果能力一般，相貌平平，或者来自农村，就很难被人看好，我们能做的就是比别人付出更多的努力。其实，选择没有对错，只有不够努力。埋头苦干，成功可能会来得慢一点，但终究会守得云开见月明。只要你的付出过了临界点，好运就会降临，这就是“越努力越幸运”。人生没有一条路是“选”出来的，都是自己“走”出来的。

第四部分

管理智慧

一、

招人：独具慧眼，找到真正适合企业的人才

对于老板来说，比做事更重要的是找人

关明生，曾在阿里巴巴最困难时毅然选择加入，成为马云口中“帮助阿里度过第一个寒冬”的人，重组阿里组织系统。郭士纳，在 IBM 濒临破产时临危受命，通过一系列强有力的变革，带领 IBM 起死回生。这些故事足以说明人才的重要性，他们往往能改变整个战局。对于老板来说，比做事更重要的是找人。找到合适的人，才能做成正确的事；找错了，只能事倍功半，将企业带进死胡同，直至毁灭。

你能找到什么样的人，就能干成什么样的事

初创公司的老板，要花 10% 的时间来思考，想清楚你要去哪里？做什么？不做什么？用什么方法？需要什么样的人？然后，将剩下的 90% 的时间都花在找人上。你能找到什么样的人，就能干成什么样的事。产品做不好、服务做不好、市场做不好、管理做不好……原因只有一个，即没找对人！公司发展初期，老板就是首席人才官，找对人是第一要事。这决定着事情能做到什么程度，还决定了企业的文化基因。

选不对人、用不好人会给公司造成很大的负面影响

高层空降是件很危险的事情，选不对人、用不好人，会给公司造成很大的负面影响。但是公司发展到一定阶段，不大胆地引进“高人”，不借助外力，又很难实现业务上的突破。折中的方法就是建立一个“缓冲期”，即先让其做企业顾问，或先担任总经理助理，看看效果如何。到了约定的时间，如果效果还不错，再慢慢加深合作，逐步转正。这样做，一来可以降低用人的风险，二来也可以服众。

把握好新员工进公司的关键时刻

老板要把握新员工进公司的一些关键时刻，因为这些关键时刻往往能在员工心中留下一生都难以磨灭的印象。比如，新员工到公司上的第一堂课，此时员工的细胞是打开的，老板只有参与进来，才能产生“开天眼”的效果，这也决定了员工对公司的第一印象。再如，如果某员工表现不错，业绩突出，公司想要对他进行表扬，那么就要利用这个机会对员工进行培训或激励，给他们灌输一定的东西，因为这时候效率最高。

获取人才有两个途径：外部吸引和内部培养

获取人才有两个途径：外部吸引和内部培养。企业要以什么方式为主？两个方式该如何权衡呢？在企业初创期，人才的获取以外部吸引为主。因为，在这个阶段公司不具备培养人才的能力，人才培养周期又长，远水解不了近渴。但是当企业发展到一定阶段，具备了自主培养人才的能力，特别是大量复制一线干部的能力，就要提高自己“造血”的能力，不能让“输血”成为常态。最后，到了企业的成熟期，要让自主培养起来的人才挑大梁，成为公司绝对的主力，外部人才只是做补充。

多招年轻人、敢用年轻人、培养年轻人

有学员问我，现在是要用年轻人还是年龄大一点的人？这个问题本身就是错的，因为要用什么样的人，看的是“是否合适”以及“岗位胜任力”，而不是只看年龄。只有在其他条件一样的情况下，年龄才会成为绝对的优势。不过，面向未来职场的管理者，一定要下意识地调整团队的年龄结构，避免组织年龄老化。在这个过程中，只有多招年轻人、敢用年轻人、培养年轻人，才能保证团队充满活力。最重要的是，还要用心和他们沟通，了解他们，跟他们和谐相处。只有用好年轻人，才会有未来。

招人难的客观原因不能被忽略

有人问我，企业招不到人是不是因为薪酬太低？招人难的客观原因不能被忽略，就是中国劳动力人口在减少，而企业用人需求却在增加，特别是有些岗位还面临需求大于供给的现状。这样的背景下，不是你招人难，是所有企业都面临这样的困境。首先，企业要改变自己在招聘中的态度，不能高高在上，要从“企业选员工”进入“员工选企业”、从“招人”进入“抢人”的模式。其次，努力提升企业在招聘市场的竞争力，让自己在招聘的“红海”中获得相对高的竞争优势，这才是解决问题的唯一办法。

薪酬是重要因素，但不是唯一因素

如何提升企业在招聘市场的竞争力？薪酬是重要因素，但不是唯一因素。涨薪虽然能解决问题，至少可以解决燃眉之急，却不是最好、最合适的方法。只涨新员工的工资，会打破整体平衡，并出现“薪酬倒挂”的现象，还会引起老员工的不满。如果整体涨薪，稍具规模的公司就会面临大幅度的成本上升。为了弥补这种不足，只能在其他方面多下功夫。比如，如果在底薪（固定收入）上无法满足新员工的需要，可以在其他方面（变动收入）给员工创造更多的可能性。不仅只满足员工的基本需要，还要在非物质层面极大地满足员工的需求。

千万不要为了招人而招人

公司在初创期，要一个一个地招人，还是一下子招很多人来培养？对于销售岗位，招聘要集中，多多益善，销售团队人少了没氛围，反而不好培养。而且，销售是利润中心，只要人心稳定，就能获得财富。非销售岗位，要慢慢招，首先，要以市场为中心，不能本末倒置；其次，这些大多都是成本部门，不能盲目增加成本。其实，在回答这个问题之前，还需要搞清楚一个更重要的问题，即企业到底需要什么样的人？千万不要为了招人而招人，更不能为了找大公司的感觉而招人。

企业有两种人不能用

企业有两种人不能用。

第一种人是从来不犯错的人。一个人工作中从来不出错，只有一种可能，就是不干事，不要指望这样的人能够主动承担责任。这种人非但自己不干事，还会在私底下议论那些干事的人。看到有人干错了，他甚至还会幸灾乐祸，指手画脚。

第二种人是在同一件事上犯两次以上错误的人。这种人要么工作不用心，要么悟性太差，不能承担重要工作。

不要招聘混日子的人

招聘时，不要找混日子的人。如何对这类人进行判别呢？混日子的人有如下三种表现。

1. 无所事事。8 小时工作时间里，他们无所事事，甚至还会在工作时间内玩游戏、追剧、忙私事。

2. 被动工作。从来不会主动找活干，领导交代一点就被动地做一点。

3. 效率低下。没有清晰的目标，分不清任务的主次，满足于将事情做完就行，没有效率的概念。

需要注意的是，这些“病”会传染，不清理掉这样的员工，“疫情”就会在团队中蔓延。

二、

用人：善于用人，优化员工的工作结果

能力强的员工，是公司最宝贵的资产

按财务上的说法，资产会有折旧率，会越来越不值钱，但人不同，随着经验的增长和公司的培养，人应该是越来越值钱的。员工从没有经验到有经验、从没有能力到有能力、从没有资源到有资源，可能要花 1 年、2 年、3 年甚至更久的时间，但正是这些有经验、有能力、有资源的老员工，支撑起了公司的发展，他们就是公司最宝贵的资产。如果有一天他们不在公司了，你就要独自直面所有问题，承担所有压力，如果你还没做好这种准备，就要善待每一位老员工。

不要尝试改变一个人的优势，而是要改变他的工作方式

管理者不要尝试改变一个人的优势，而是要改变他的工作方式。他的优势是 A，你硬要把他变成 B，就太难了。要让他的优势能够和工作内容匹配，最终拿到成果。这里，联结的纽带，就是“工作方式”。很多人经常会给自己武断地下结论——“我不适合这个行业（或公司）”。其实，多数时候都是他的一种误解，不是公司没把他放在正确的岗位上，而是选错了工作方式，导致自己的优势被限制。管理者要帮员工发现他的优势，然后找到可以发挥他优势的工作方式，这个人才会发光发亮。

用人的标准应该是“价值观导向”

选人的标准应该是“能力导向”，用人的标准应该是“价值观导向”。新人的价值观无从判断，但在选拔干部时，越是高层岗位，越要注重对价值观的考察。如果员工价值观和公司不同，他给公司造成的伤害是有限的；但是干部的价值观和公司不一致，极有可能给公司带来巨大的伤害，甚至造成空前的危机。价值观就是公司内部的“德”，权力不一定和能力成正比，但一定要和“德”成正比，否则德不配位，必有灾殃。

对管理者的正确评价，不能仅凭主观印象或猜测

对管理者做评价时，凭借主观的印象或猜测，很容易破坏评价的客观性和公正性，最终影响准确用人。要对管理者做出正确的评价，不仅要看他工作的成绩，更要观察他工作的过程，判断这个人的能力是否全面，心态是否积极。同时，不能仅局限于和他本人的交流和沟通，还应尝试和他的上下级去沟通，看看他的上级对他的评价、他在老员工心目中是什么样的人、新员工对他是什么印象……只有这样，才能做到真实全面、客观公正。

换个角度把缺口忽略掉，每个杯子都有它的价值

员工的能力就像有缺口的杯子，只要不从缺口处去看，杯子就是完整的。遗憾的是，多数人都很在意这个缺口，甚至因为这个缺口而否定整个杯子。如果你眼里看到的只是缺口，天下就无可用之杯。但换个角度把缺口忽略掉，每个杯子也就具备了自己的价值。老板用人也一样，满眼都是对方的缺点，就会没有可用之人；满眼都是对方的优点，就会犯没有无用之人的错。其实，人好比黄金，没有绝对的纯金，足金的纯度也不是百分之百的。

结果不好，就不要给高薪

很多员工会说，“我没有功劳也有苦劳哇”，“看在我多年辛苦的分上”……市场不会因为一个人或一个企业努力过而给予恩惠，市场唯一相信的是符合客户需求的结果，辛苦并不是结果。做出决定有时候会考验我们的良心，管理者自然也会因此而起恻隐之心。我不否认你的付出，甚至可以给予肯定，但这绝不是给他们高薪的理由。没取得更好的结果，却拿到更高的薪资，早晚会将企业掏空。

学会授权，老板才能解放

企业家到底是要亲力亲为，还是要充分授权？老板要想解放自己，首先就要打造出一套成熟的管理体系，打造出一支强大的团队。但在此之前，必须亲力亲为，甚至身先士卒，这个阶段的“忙”都是正常的。其次等公司步入正轨后，就要逐渐转变思维，把自己的精力用在选人和培养人上，开始尝试授权。管理者应着眼于全局，不能让自己成为一个“全能”的领导。最可怕的是，企业运营了五年、十年，老板还是事必躬亲，甚至越来越忙。

人是事的基础，也是解决问题的关键

人没到位，再好的项目也不能投资，再好的业务也不能启动。对的人来了，问题就解决了；错的人来了，问题不仅解决不了，还会带来很多新问题。人是事的基础，也是解决问题的关键。所以，无论多么急需人才的岗位，宁愿把业务停了，也不能用错人。如果这件事确实很紧急，管理者一定要下足够的决心，花足够的工夫，集中精力先去找人。一个有战略远见的管理者，日常都会做好人才储备，保证自己在用人上不会捉襟见肘。

老员工才是公司最有价值的资产

老员工是公司最有价值的资产，虽然他们在公司没有发挥出全部的价值，有时候还是负担，甚至有些人还得了“老员工病”，但这并不是他们的能力、经验和资源出了问题，企业对这一现象要重视起来。老员工和新员工相比，最大的区别就是“激情”。随着时光流逝，老员工对事业的新鲜感会渐渐消失，每天增加的只有疲惫感和厌倦感。老板要做的是，不断擦拭他们心灵上的尘埃，精心照料他们那颗不再年轻的心，任凭时光荏苒，也要让它看起来焕然一新。

三、

育人：大力培养、提高员工的工作技能

人才的培养是企业发展的重点工程

人才的培养是企业发展的重点工程，也是系统工程，要从如下四点入手。

1. 重视人才的选拔。优秀的人才是选出来的，选人比培养人重要一百倍。

2. 训练和赋能。系统化的训练和流程化的赋能，决定着员工的成长速度。

3. 科学的机制。晋升机制和激励机制决定了员工成长的内在动力。

4. 企业文化熏陶。什么样的企业文化孕育出什么样的人才。

育人的核心就是赋能

管理者陷于具体事务无法抽身，一个原因就是没有做好对下属的“赋能”。只要花两个小时的时间，帮助秘书拟好一份文件，并手把手地告诉他要点，以后就不需要你在拟文件上再花时间了。这个从“我做你看”到“你做我看”的过程就是手把手为员工赋能、帮助其成长的过程。不去帮助员工成长，管理者就永远无法摆脱“累”的现状。企业不管是成为员工创业平台，还是成为行业共享平台，核心就是赋能。你需要解决的核心问题是：能不能更好地赋能员工，让员工在这个平台上可以轻松、简单、低成本地工作；能不能更好地赋能上下游企业，让它们可以轻松、简单、低成本地买货和卖货。上个时代追求的是自己的成功，当今时代追求的是让更多人获得成功。

工作的本质是借事修心，凭事炼人

员工如果只有被人盯着才能把事情做好，是因为他觉得是在给别人做事；如果需要给钱才能做事，需要钱给到位才愿把事情做好，是因为他觉得事情是别人的，自己只是在打工。抱着这样的思维，员工永远无法成长，永远不值钱。工作的本质是借事修心，凭事炼人。把每件事都做好，做到完美，人生一定是向上的，是增值的。简单的事情是训练，复杂的事情是磨炼；小事情积累的是经验，大事情带来的是考验。易事难事、小事大事，只有用心去做，员工才能成长。

鼓励员工用心对待每件事，把当下做到极致

可以允许员工犯错，但绝对不允许同一种错误重复发生，这并不是说一件事情必须到第二次才能做好。优秀员工能把事情一次就做到位，这就是真正的高效。一件事情一次就做好，是对工作最大的尊重。两次三次都做不好，会浪费诸多成本，也是对工作的极大不尊重，一不尊重公司，二不尊重老板，三不尊重自己。要鼓励员工用心对待每件事，把当下做到极致。

有些员工为什么成长慢？

有些员工为什么成长慢？因为他们已经习惯了找借口。你说可以这么做，他说不现实；你说可以那样做，他说太难了。在他的世界里，维持现状就是最好的选择。可是，“躺平式”的态度，事业永远不会有惊喜。一个员工如果养成拒绝挑战、逃避困难的惯性思维，就没有了成长空间。求战之心都没有，怎么可能打胜仗？如果下属都是这样的人，企业就会走下坡路。员工对未来有憧憬，对人生有追求，把问题当作进步的阶梯，把困难当作成长的机会，只有这样，才会拥有开挂的人生。

将“主动并快速反馈”当作工作的一项重要原则

有些员工，凡交代之事，总喜欢拖延，你若不盯，甚至还会杳无音信，直至不了了之。这样的员工，永远无法得到领导的信任，随着时间的推移，落到他身上的任务就会越来越少。这些人还沾沾自喜，觉得自己事情变少了，殊不知，工作变轻松的同时，他已经被边缘化了，距离机会也会越来越远。要让员工将“主动并快速反馈”当作工作的一项重要原则，让他们变成一个有信用、有效率、靠谱的人。所谓靠谱，就是凡事有交代，件件有着落，事事有回音。

唯有育好人，方能造好物

这个世界上所有的企业，都应该努力成为一个“校办企业”，通过言传身教来影响和改变员工。唯有育好人，方能造好物。企业存在的价值就是让员工幸福、让客户感动，而只有帮员工树立起正确的价值观，帮助其认识自我、构建自我，才能给员工带来持续的、真正的幸福。靠打鸡血促进公司发展，最多只是公司发展的一个阶段，能让公司持续发展或基业长青的，一定是领先的经营理念和正确的价值观。

公司最大的成本是使用了没有经过教育培训的员工

使用没有经过教育培训的员工，不仅会降低组织的效率，还会增加企业的成本。对员工的教育培训要分成五部分：

1. 熟悉工作流程，通过讲解、实践，让员工尽快熟悉、消化，最后还要考核；

2. 岗位外模拟操作，不能纸上谈兵；

3. 让其说出此岗位的核心要点，看看他们对这份工作的理解；

4. 说出此岗位容易犯哪些错误，该如何避免；

5. 说出此岗位的两个改进建议。

没有经历过充分培训的员工就被推到一线，只能靠运气打仗，一定会血流成河。

让员工的工作效率最大化

很多人定义错了“优秀”这个词，把不可持续的和不可复制的甚至取巧的行为定义成了优秀，鼓励了难以复制、不该鼓励的行为。要知道，很多东西不可复制、不可成规模，甚至不正确。比如，运气好、天赋异禀、长得帅、有资源，这些都是不可复制的。企业把这些作为优秀的标准，就可能对团队造成打击。管理的价值就是让人的效率最大化，去掉那些不确定的因素，让结果更稳定，要找到值得学习并可以复制和推广的“销冠”，把他的成功模式标准化和系统化，再把他复制到其他人身上。

有几种人很容易被公司裁掉

为了激励员工努力，要提醒他们，有如下三种人很容易被公司裁掉。

1. 没有责任心的人。要培养员工的主人翁意识，让他们和老板共情，和公司共进退。

2. 没有上进心的人。没上进心的人，没激情，不拼搏，无追求，任何企业都不会容忍这种混日子的人。

3. 没有效率的人。做事有效率的人，就是企业的财富；没有效率的人，则是企业的成本。

很多员工都觉得是老板裁掉了自己，其实是他们自己淘汰了自己。不努力让自己成为那 20% 中的佼佼者，就永远没有办法获得安全感。

我们和别人之间最大的差异，在理念

著名企业管理学教授沃伦·贝尼斯说："员工培训是企业风险最小、收益最大的战略性投资。"几乎所有的世界五百强公司都信奉"贝尼斯定理"，他们把员工培训当作最有价值的投资。新加坡航空每年花1亿美元培训员工；原摩托罗拉公司每年大约花1.2亿美元培训员工，占全年工资总额的3.6%；美国联邦快递每年的培训经费高达2.25亿美元，占全年总开支的3%；IBM的人均培训费为每年3000美元；通用电气每年培训经费总额10亿美元，而且每年都在增加……意识到学习的重要性，把培训当作福利，组织就会充满活力，企业就会保持长青。

四、

留人：留人比招人更重要

公司没了主动开人的勇气，就已经开始步入平庸

公司没有主动开人的勇气，没有向员工说“不”的底气，就开始步入平庸。创业期放在首位的是生存，即使是一两个关键人物，也可能改变整个战局。初创公司往往没有吸引力，不可避免地会对人才过度迁就。但是，企业发展进入成熟期后，进步空间变小、难度变大，在用人上就要杀伐决断，敢于向不称职的人员开刀，敢于向思想陈旧的保守派开刀，敢于向小白兔类型的人开刀，敢于向造成不好风气的人开刀，才能从平庸的局面走出来，迈入新的发展阶段。

大公司最大的障碍就是“老”

大公司最大的障碍就是“老”。公司做大，往往要历时三年五年、十年八年，一旦做大了就是“老公司”。老公司有老公司的优势，也有其独特的魅力，但是也存在“老公司陷阱”：动力缺失和思维定式。创业之初的激情逐渐消退，有些老员工就会躺在过去的功劳簿上沾沾自喜，不再愿意燃烧自己，必然带来发展中的动力不足。比这更可怕的还有思维定式，过度依赖过去的经验，不去创新，不敢走出舒适圈，随之而来的就是公司增速放缓，甚至开始出现下滑趋势。小公司很容易做大，大公司却很难再次腾飞，原因多半在于此。

要防止公司老态龙钟，就要保证组织内部永远充满活力

组织没有活力，缺少一套长期、有效、科学的激励机制，就永远无法解决持续经营的问题。要关注公司老员工，因为时间久了难免心里会落上尘埃，不经常擦拭，心灵就会布满灰尘。越是老员工，越需要老板的心理按摩。当然，最重要的还是机制，一个好的机制，不仅可以激起人的斗志，还可以避免三分钟热度，形成持续的、长期的激励效果。打鸡血式的激励，或者物质上过度的奖励，只能给员工造成伤害，不利于企业的持续经营。科学的激励不仅要符合规律，还要具备系统性和连贯性，才能有效延长人才奋斗的周期，从而相应地延长企业的生命周期。

愚蠢的公司，才会为了阻碍员工离职而设置种种障碍

只有愚蠢的公司，才会设置种种障碍阻碍员工离职，这叫小聪明，不叫大智慧。下定决心要走的员工，绝不会因为公司设置了某种障碍而留下。即使因为这种障碍延缓了他的离开，也别指望一个将走之人多干一两个月能做什么贡献、能起到什么积极的作用。更可怕的是，这样做，还可能将离职的员工推到公司的对立面，把离职后的负面影响延伸到客户或其他员工那里。

心态出了问题，其能力和权力反而会“助纣为虐”

员工打算离职，先要分清楚是真是假。其实，很多人都是孩子气，情绪上来了，说说而已。员工会情绪化，老板得成熟，要理性分析这个人能否被替代，如果不可替代，就想办法挽留。最后，留人的前提是，看员工能否调整心态，冰释前嫌，打开心结。如果员工的心态已经彻底崩塌，即使不可替代，也不要强留。心态出了问题，能力和权力很容易“助纣为虐”，这时候作为管理者要有魄力，快刀斩乱麻，当断则断。

并不是所有的员工流失都是坏事

敢于辞退不思进取的末位员工，是管理者的成人礼。智慧的管理者不会因为员工的流失而恐慌，因为他们知道，并不是所有的员工流失都是坏事。优秀员工流失，是坏事；末位员工流失，是好事。处于末位的员工，不仅会增加公司的成本，还会成为团队中的负担，如果他不愿意提升和改进，就要大胆下手予以辞退，这对他们自己而言也是一种“止损”，换个领域、换个环境可能还有机会。不仅要敢于辞退那些不思进取的末位员工，对一些起负面作用的员工更要及时清理。他们就像电脑运行中积累的垃圾文件，看上去没有大碍，但长时间不清理，也会影响整个电脑的运行速度，不要忽视这些人的破坏力。为了点燃大家对工作的激情，管理者可能要花一百二十分的精力，而负面员工只要三言两语就可以把刚刚燃起的火苗熄灭。负能量的信息传播速度远大于正能量。

重视并善待离职的员工

什么叫“离职面试”？其目的，不是挽回，更不是批评，而是面向未来，建立起双方的新关系。一次好的离职面试，可以帮助公司多一个朋友，少一个敌人。因此，一定要重视并善待离职的员工。他们虽无法再让公司获得什么，却有能力让公司失去什么。这不仅是为了防患于未然，也是一种格局和善良。员工办理离职后，管理者可以跟他们聊聊天，这时候他会毫无保留、没有顾忌地给你很多建议。只要能搞清楚他离开的真实原因，也算是一个大的收获。善待离职的员工，还会给公司带来很多意想不到的收获。百般阻挠不让走、该给的钱死活不发、撕破脸皮恶语相向……事件的负面影响会迅速蔓延至其他员工甚至客户那里，公司的人设崩塌往往就在一夕之间。

允许能力很强的人离开，但要留下他的能力

找到了值得推广并可以复制的“销冠”，就要深度分析他获得成功的方法，挖掘背后的真正原因，然后进行复制。管理的价值就在于你能够将偶然变成必然，用其背后的原因规模化地生产更多“销冠”。一个能力很强的人走了，能力没被留下，就是管理者的无能。具备了这样的复制能力，哪怕只有10%的员工学会了，或所有员工只学会了50%，都将是一个巨大的进步。不从失败中找原因，不从成功中找规律，老牛拉车，周而复始，原地打转，不仅进步慢，还会将团队的士气消磨殆尽。

五、

团队打造

团队常有冲突，组织才有活力

团队真的越和谐越好吗？没有冲突真的是好事吗？非也！团队内部常有冲突，组织才有活力。但并不是所有的冲突都是有益的，我所提倡的是“建设性的冲突”。不要在鸡毛蒜皮的小事上斤斤计较，而是鼓励在同一问题上有不同观点。比如，团队中出现了不一样的、相互冲突的观点时，就要进一步讨论出各自的优劣。通过深入讨论，双方就能看到对方观点的价值。冲突越有建设性，团队成员就越容易从对方身上学到东西，团队反而会越来越有凝聚力。

打造命运共同体，同甘共苦，患难与共

什么叫利益共同体？通俗讲就是双方有钱赚就合作，没钱赚就散伙；钱给得多就好好干，钱给得少就不好好干。如果有一天公司走下坡路，员工会换一个可以让他自我价值最大化的地方，双方好聚好散。

什么叫事业共同体？就是公司即使走了下坡路，即使降工资，员工也愿意干，不会轻易离开，因为他认同这个事业、看好这个事业，愿意牺牲这个阶段的收入；如果这个事业干成了，老板也给他一份额外的收入。

什么叫命运共同体？就是即使公司倒闭了，员工也不会离开，愿意借钱给老板、投钱给公司，和老板一起干，心甘情愿地跟着老板二次创业，同甘共苦，患难与共。大家的梦想合并在一起，下半生绑定，一荣俱荣，一损俱损。而要想提高员工的凝聚力，就要努力打造命运共同体。

创业团队最大的财富，就是富有“创业精神”

创业团队最大的财富，就是富有“创业精神”。这种精神最突出的特点，就是团队成员上下一心，全情投入，甚至不计较个人得失。创业团队最大的危机，就是“创业精神”的消失，大家关注的焦点不再是把事情做好，而是开始在利益上斤斤计较。如果有人发现自己干得多却拿得少，立刻就会有情绪，继而直接地表现在工作中。能给自己带来利益的事情就好好干，跟个人利益无关的就百般推诿，消极怠工。正是这个原因，很多团队本已度过创业最难阶段，却停留在原地，再难向前发展。

价值观不一致，很难走到最后

招人的时候，很多企业都会在招聘要求中写上一条“价值观一致”。这些企业是真的认识到价值观一致的重要性，还是只是一种形式？别人都不知道你是什么样的价值观，何来价值观一致？价值观确实重要，判断价值观是否一致有如下两个方法。

1. 用时间来鉴别。日久不一定生情，但日久一定见人心，不在一起工作一阵子，很难判断出他的价值观和你是否一致。

2. 用矛盾来检测。没有矛盾出现，很难看出人的价值观，只有在出现冲突时，才能看出这个人的价值观。

共识的强度决定团队的凝聚力和战斗力

共识的强度决定着团队的凝聚力和战斗力，而所有的“共识”，都来自团队的“非共识”。有人说，创新的本质就是“非共识”，更确切地说，“非共识”的本质就是“创新”。“非共识”思维对团队来说非常重要，没有“非共识”的过程，就不会有“共识”的结果。始于“非共识”，终于“共识”，两者缺一不可。从“非共识”到“共识”，从鼓励“非共识”到寻求“共识”，从消除“非共识”到达成“共识”，如此循环往复、周而复始，是一个团队和组织持续成长不断发展的过程。

多人共同完成一项任务，要明确责任主体

多人共同做一件事情时，责任就会被分散。人数增加了，每个人的责任感就会减弱。心理学上有个“旁观者效应”，如果很多人一起负责一件事情，多数人都会沦为“旁观者”，觉得事情与我无关，反正还有别人。当集体共同承担责任时，每个人都会自动缩小责任，放大贡献。遇到问题时，觉得自己责任小；拿到成果时，觉得自己贡献大。相反，如果一个人被单独要求完成任务，他的责任感会变得很强。因此，分配任务时，不仅要责任到人，还要责任到每一个人；如果是多人共同完成一项任务，就要明确这群人中的责任主体。

一切成功均源于责任心

怎样才叫有责任心？ 1. 全身心投入工作；2. 不断学习，努力成长，确保自己可以胜任工作。对于没有责任心的员工来说，即使出了纰漏，也可能是小问题。但是对处于管理岗位的人来说，责任心的缺失却极有可能造成大问题。在公司里，岗位级别越高，责任心越要强。现实中，很多公司对员工岗位晋升，看重的是业绩、能力和素养，却不看责任心。其实，责任心也是可以量化考核的，比如：带新人是否用心？下属业绩做得好不好？关不关心公司的成本？是否关心下属的收入？是否关心客户的评价？要把对责任心的考核融入晋升机制。

和稀泥，只会让优秀的人越来越少

企业正确的分配方式应该是动态的，因为每个人在每个阶段为组织做出的贡献都不一样。固定分配，无法做到真正的公平。平均分配更谈不上公平，那只是和稀泥，只会让优秀的人越来越少，平庸的人越来越多。先进的组织分配方式，薪酬是动态的、提成是动态的、奖金是动态的、分红是动态的，甚至连股权、入股时的股价也是动态的。只有动态的分配方式，才能科学地评价每个人在不同阶段的贡献，最大化地激发每个人的潜能。打破了这个平衡，人心的天平就会失衡，团队就会走向涣散。

执行力强，更容易得到好的结果

什么是执行力？就是能拿到结果的能力。优秀管理者的思维方向和管理模式，一定是注重结果。比起结果，其他事情都是次要的。有些管理者对结果的追求达到了“病态”的程度，尽管这种管理者不一定讨人喜欢，但他们总能取得优异的成绩。跟着这样的领导者，下属有时会受不了，但最终他们不仅能得到经济上的丰厚回报，还能获得个人的成长，慢慢地开始喜欢这样的管理者。不谈结果，就谈不上所谓的领导力。

让团队像从山顶向下滚动的圆石一样势不可当

《孙子兵法》讲“故善战者，求之于势，不责于人，故以择人而任势”。善于用兵作战之人，会主动创造有利于作战胜利的态势，而不是苛求下属以苦战取胜。所以，管理者要将主要思想放在依靠、运用、把握和创造有利取胜的形势上，而不是苛求手下的员工。与其想方设法激发团队高昂的士气，使之像拉满弦的弓弩一样蓄势待发，不如“求之于势”，让团队像从山顶上向下滚动的圆石一样，势不可当。

失去愿景的牵引，公司很难茁壮成长

人因梦想而伟大，小公司也因愿景而伟大。而这种愿景，通常发生在产品问世之前。愿景决定动力，未来决定现在。没有愿景，就没有方向；没有方向，就没有动力。1948 年，沃尔特·迪士尼带女儿去一家游乐园游玩，但是游乐园已经破败不堪，家长们都不想再带孩子前去玩耍。他很难过，因此制定了一个备忘录，计划打造一个新乐园，命名为“米老鼠公园”。备忘录上面写着：“迪士尼小镇里会有火车站，整个小镇将围绕一片乡村绿地或休闲公园而建。公园里有长椅、乐队演奏台、饮水机、树木和灌木丛。我希望这里能让人轻松愉悦、心旷神怡，希望这里魅力无限。”沃尔特·迪士尼勾勒出了“地球上最欢乐的地方”的美好愿景，迪士尼乐园正式起航。

想要提高组织的效率，应该从三个方面入手

想要提高组织的效率，应该从以下三个方面入手。

1. 流程。科学的流程是增效的前提，在不科学的流程面前，再优秀的员工也无法创造出高绩效。

2. 机制。在背靠流程的基础上，用机制来挖掘组织中每个人的潜力，把员工的潜能彻底激活。

3. 系统。没有系统化就无法大规模复制，不能复制就只能永远停留在从 0 到 1 的阶段。

所以，效率是设计出来的——靠流程；效率是激发出来的——靠机制；效率是复制出来的——靠系统。

优秀的团队应该有三大特征

优秀的团队应该有如下三大特征。

1. 优秀的团队像学校，同事之间像同学。大家比、学、赶、帮、超，一起成长，共同进步。

2. 优秀的团队像军队，同事之间像战友。世界500强公司的CEO最多的不是出自哈佛商学院，而是来自西点军校。没有军队式的管理方式，就没有组织的高效率，我们要像军人一样认真、严格、主动、高效地执行任务，要像战友一样互相信任。

3. 优秀的团队像家庭，同事之间像亲人。不是嘴上把员工称为“家人”“兄弟姐妹”就真的变成了一家人，除了互相信任，还要互相包容，要像对待自己的家人一样去包容自己的同事。

组织走向分裂，是团队走向衰败的开始

团队想要把事情做好，必须构建起一个简单、团结的组织氛围。“简单”，是指组织内部的人际关系。太复杂的人际关系会无端消耗员工的精力，并让组织走向分裂，这往往是一个团队走向衰败的开始。“团结”，是指成员对战略目标有强烈共识，把共同目标放在首位，产生一致性的行为，体现出团队的整体力量，否则就是分力。仅靠个人情感或个人魅力并不能团结人，大家能聚在一起，通常都是为了一件共同的事。人多却不团结，人越多战斗力反而越弱。管理者不要忽视团队里正在发生的一些微妙变化，因为伏尔泰早就告诉我们，“使人疲惫的不是远方的高山，而是鞋子里的一粒沙子”。

管理的核心是责任，管理者就是负有责任的人

管理的核心是责任，管理者就是负有责任的人。管理者的职务越高，承担的责任就越大。管理者需要对什么负责呢?

1. 对结果负责。管理者的目的就是达成目标、拿到成果，没有结果的管理就是无效的管理。

2. 对整体负责。管理者不仅要关注自己的成果，还要关注自己的成果对整个组织的影响。

3. 对他人负责。管理者必须对下属和其合作伙伴负责，全力以赴帮助他们拿到成果，让跟着你干的人有结果。

六、

领导力：提高领导力，才能增强团队的战斗力

管理者懂得“三动”，才能把团队带好

要想把团队带好，管理者要懂得“三动”。

1. 启动。定目标、明方向，从实际中抓住潜在的变革机会，开启一个新的篇章。

2. 推动。逢山开路，遇水搭桥，全程跟踪，时时在线，推动项目发展，克服一切困难拿到结果。

3. 鼓动。共启愿景，激励人心，鼓励三军，让团队想打仗、愿打仗、能打仗、打胜仗。最终实现团队的管理从被动到主动，组织运营从拉动到驱动。

主动担责，绝不推诿

在一个真正卓越的团队领袖眼中，没有所谓的“坑”，只有“保证完成任务”的责任。下属出了问题，有些管理者一味指责，面对自己的上级，又百般推卸，疯狂甩锅。这样的团队领袖，既失去了人心，也失去了领导的信任，无法再向前一步。真正靠谱的领袖，会想尽办法把所有坑填平，把问题统统解决，绝不会绕着走，或者把问题推给别人。管理者只有具备这种“天塌下来我来扛”的气魄，下属才能放心，上级才能安心。一个卓越的团队领袖，必须具备有坑必填的责任心，填上的每一个“坑”都将是你通往成功的垫脚石。

掌握管理人的基本方法

管理是否有效，不是看你管过多少人，而是看有没有掌握基本方法。只要掌握了正确方法，管理500人和管理5万人就没有本质差别。用错了方法，即使管理50人，也会鸡飞狗跳。有效的管理方法就那么几个，关键是你是否愿意去学习。获取信息的渠道很多，明明可以站在前人的肩膀上，为何还要自己在那里不停地摸索、不断地消耗？企业里真正有价值的事就那么多，关键在于能否坚持去做那些真正有价值的事。

能力上的缺陷和态度上的懒惰是两回事

团队带不好，其中一个原因就是—— 懒。不会手把手地教员工，不去陪员工一起加班，不愿和员工沟通，问题拖延很久不解决，然后还有一大堆的理由和借口……本质上都是因为“懒”。能不能做好是一回事，有没有努力去做是另外一回事，能力上的缺陷和态度上的懒惰是两回事。即使能力再差，也应该努力把事情做到自己能力范围内的上限；而一个懒惰的管理者，最终带来的结果，很可能会突破能力下限。足够勤奋的管理者，带团队的结果都不会太差。一方面，他自身的勤奋不会被辜负，甚至还直接给团队带来结果；另一方面，他以身作则可以影响一些人，让这些人和他一起行动起来。懒惰的人，绝不可能成为一个优秀的管理者。

向一个“圣人”的方向努力

一旦成为管理者，压力就会陡增，这种压力大多来自外界对你的高期待，职位越高，这种压力就越大。身边的人会用放大镜来看你，即使是一点缺陷，也会被他们无限放大。周围所有人都默认你搞定那些挑战是应该的，默认你理所当然地能把这些问题解决好。做战士的时候你只要完成了目标，无过就是功，功过甚至还可以相抵。可到了做管理者时，不仅功不能抵过，而且无功就是过。摆脱这种焦虑最好的办法就是，尽早接受这个设定，适应外界对你的高期待，早点向一个“圣人”的方向努力进取。

拥有与众不同的认知和见解

老旧的知识，即使是经典，也不能完全迷信。越是普及的知识，越不值钱。例如，百度上能查到的管理学知识，网络上兜售的通用型管理方案，已经没有太大的价值，家喻户晓的知识带来的只会是平凡，路人皆知的知识造就的只能是平庸。要想出类拔萃，不同凡响，就必须拥有与众不同的认知和见解。这份与众不同，首先来自老板从自身所处环境的实际出发，在战略、商业模式、业务流程、管理机制、组织系统等各方面进行的独到思考。再者来源于管理者通过学习构建起的完整认知，在经年累月中对于所处领域产生的深刻见解。

经验优势更加脆弱

过去管理者的权威大多体现在能力和经验的优势上，而在今天，我们对年轻人的这些优势却在慢慢消失。过去别人服你，是因为你的能力比他强，可是在环境快速变化的今天，你的能力在快速折旧，过去的方法不一定是最好的，甚至有可能是错的，很难再服众。而经验优势则更加脆弱，它是建立在信息红利之上的。在传统社会中，信息获取量和时间成正比，你在这个岗位上待的时间越长、年龄越大，经验就越丰富；而在信息社会，年轻人获取信息的渠道更多、速度更快、内容更加丰富，从而导致传统管理者的经验优势正在加速消失。因此，管理者必须构建起新的优势，否则你一定会觉得年轻人越来越不好管理。

想有大作为，就要有大格局

很多人到了一定的位置就再也无法晋升了，旁人都认为是卡在了能力上，其实不然。在某一个岗位上，对于能力的要求是有止境的，三年、五年、十年总能把能力锻炼出来，接下来拼什么？就是看这个人的格局和境界。时间长了，一个人的格局是藏不住的，境界也是装不出来的。有时候一个细节，就能把你的内心世界展露无遗。简单的一件事，可能让下属对你五体投地，也可能让你威严尽失。想有大作为，就要修炼出大格局。

一句“拿着”胜过十句“我会给你的”

如今人与人之间的信任成本越来越高，可管理者还是一厢情愿地希望下属对自己有足够的“信任”，这难道不是一种矛盾？你希望员工相信你，可是你有给予他足够的信任吗？这又是一种矛盾。现在的人不会轻易相信任何人的承诺，怎么会轻易相信你那虚无缥缈的承诺？人都是喜欢“兑现承诺”的，员工之所以对你没信心，就是“放心吧，好好干，我会给你的”这样的话听得太多。管理者一定要记住，一句“拿着”胜过十句“我会给你的”。

工作是结果的交换，没有功劳的苦劳就是徒劳

有人经常说：“我虽然没有功劳，但是也有苦劳。”多数人只关注自己的付出，并不关心付出的效果。作为管理者一定要清楚，工作是结果的交换，没有功劳的苦劳就是徒劳。管理者最重要的工作就是对绩效负责，可以为苦劳鼓掌，但只为功劳付钱。这不代表对过程视而不见，而是对于有苦劳的人，要给予肯定，甚至是表扬和表彰，但绝不能用钱来奖励。用钱来奖励苦劳，容易给员工造成错误的引导，一旦失衡，会让员工放错焦点。

把你的核心竞争力交给团队，让团队反馈传递给你

上升到一个新岗位，作为管理者一定要意识到，你并没有比“昨天的你”更强，被你领导的是一群与“昨天的你”实力相当的同伴。这时候，一定要把你的核心竞争力教给团队，同时让团队的反馈无缝传递给你。只有这样，才能指挥好一群“曾经的你”，并带领他们走向胜利。以前，只要你自己成功了就是成功，现在只有整个团队成功了，你才可能获得成功。为了实现这个目标，不仅要放下自己，还得学会倒空自己，把自己的力量和团队的力量完美融合。

最高级的炫富，是我用自己的财富帮助了多少人

建立伟大的目标，树立崇高的使命感，在低维度赚钱就会变得很容易。缺少这个伟大使命的支撑，赚钱就会很累，你甚至还会在物欲横流的世界里迷失自我。只有建立起更伟大的目标，才能获得持续不断的动力，走向事业的辉煌。很多人为什么容易半途而废？为什么总觉得心累？本质上就是缺少一个伟大的动机。曹德旺先生说过："企业应该有三大责任，国家因你而强大，社会因你而进步，人民因你而富足！"所以最高级的炫富，不是我有多少财富，而是我用我的财富帮助了多少人。

应对知识成本上升最有效的办法，就是不断学习

在环境快速变化的今天，一种成本正在悄然发生，这就是知识折旧的成本。你今天还引以为傲的东西，到明天可能就不再适用；你花了很大代价获得的知识，很快就会面临淘汰。而应对这种成本上升最有效的办法，就是不断学习。这就好比电脑里的软件，每个阶段都要进行一次更新，才能保证系统流畅地运转。之所以老是卡顿，是因为多年前的系统不再适应当下的环境了。要想战胜这个时代，最好的方法就是不断地学习。

作为管理者，自己才是最重要的人才

作为管理者，自己才是最重要的人才。你对人才的渴求，可能是因为能力的缺失。管理者最大的价值，就是建设一个科学、高效的系统，让普通人在平凡的岗位上也能做出卓越的贡献。对人才过于依赖、对员工期望过高，可能是因为自身管理能力的不足。我们当然希望员工足够聪明，但如果把希望寄托于员工的聪明，就会把公司置于巨大的风险之中。孟子曰："爱人不亲，反其仁；治人不治，反其智；礼人不答，反其敬——行有不得者，皆反求诸己。"管理者要懂得反求诸己。

对财富的追求有止境，对事业的追求无止境

人生不是追求成功，而是要成功地追求，切莫把财富定义为成功，那充其量只是衡量成功的一个维度。沃尔玛的创始人山姆·沃尔顿说过："从头到尾，我注重的是尽我们的心力，建立最完美的零售公司，创造巨大的个人财富从来都不是我的特定目标。"这段话揭示了一个成功的企业家应该具有的正确价值观：对财富的追求要有止境，对事业的追求要无止境。只有如此，才能保持清醒和理智，拥有积极的心态和持续的激情，才能收获成功的喜悦。

七、

文化管理：企业文化是推动企业发展的不竭动力

企业最好的名片就是特有的企业文化

伟大的企业，总是被模仿，却很难被超越，因为我们只能看到它的产品、服务，甚至技术和模式，却看不见它的经营理念和企业文化；我们可以模仿它的包装、广告、商标，但无法复制它的团队。企业最好的名片就是完善的企业文化，企业最核心的竞争力就是全力以赴为事业拼搏的团队。经济和军事会让一个国家变得强大，文化和精神会让一个国家变得伟大；销售和创新会让一个公司变得强大，企业文化和精神会让一个公司变得伟大！

老板喜欢听什么样的话，公司就容易形成什么样的文化

老板喜欢听什么样的话，公司就容易形成什么样的企业文化。老板爱听真话，就有敢讲真话的人；老板爱听好话，就有整天讲好话的人。“一代枭雄”张作霖，身边有个很重要的人，就是他的首席秘书任毓麟。任毓麟在清朝是举人，相当于今天的硕士，这在当时绝对是高学历。张作霖看上了他的才学，所以他的电报、公文都是任毓麟写的。任毓麟工作认真且忠心不二，当了八年秘书，没有出过差错，张作霖非常信任他。但是，张作霖在北京掌权的三年多时间里八次改组内阁，却没有提拔重用过任毓麟，原因在于任毓麟从未指出过他的错误，只知道讲好话。

“为何”比“如何”重要100倍

想造一艘船，先不要指挥下属干活，要先激发他们对海洋的向往。想要做一件事，不是让大家先付诸行动，而是先通过学习让他们明白这件事的意义。只有让员工理解了这份事业的意义，他们才会用“心”工作，而不是疲于应付。这就是企业文化的重要性，而这也是真正的原动力。普通人关注的是“如何做”，领导者要解决的是“为何做”，这是“道”和“术”之间的差距，“为何”比“如何”重要100倍。

准确洞悉环境的变化，比经营好自己还重要

做企业一定要准确洞悉环境的变化，这比经营好自己还重要。新的环境加上新的周期，会对成功提出新的要求。改革开放刚开始时，初入各行各业的人们，只要头脑灵活，多半都会赚得第一桶金。可是，到了如今，获得成功不再像以往那样轻松，这也不是说事情就没有办法做了，而是要换一种思维去做，哪怕是柴米油盐酱醋茶这样的普通小事，都不能照搬以前的方法，不能一直迷信过去的经验。在不断变化的时代，最可怕的不是变化本身，而是仍然沿用过去的逻辑去解决事情。

文化是解决人心问题的不二法门

良好的企业运营，离不开对员工思想的启迪，这就是企业文化的重要意义。只有认同企业文化，员工才能劲往一处使，才能自发维护公司的权益。企业是躯壳，文化是灵魂。企业发展最大的问题就是人心，而文化是解决人心问题的不二法门。使命的支撑，愿景的引领，价值观的统一，可以让员工内心更加坚定，内心升起无限的力量，也会让企业在每个阶段都与众不同。好的文化，落地不应该有阻力，阻力越大，说明文化提炼得越不好。从企业文化本身来说，是指对团队、对员工、对社会、对国家都有益的文化，如果只对老板、对公司有利的文化，就不可能深入人心，无法获得共鸣，更无法赢得认同。文化的核心就是使人向上和向善，这样的企业文化怎么可能被抵制？

环境是驱使我们变化的重要要素

环境不发生变化，企业就不应该随意变化，否则经营目标就会不聚焦，从而失去匠人精神。但是，只要环境发生改变，就要随之做出调整，以便企业迅速适应新的环境。企业是否有张力，首先就体现在这一点上。领导者活在自己的世界里，被曾经的成功迷惑，就会故步自封，裹足不前。善于觉察环境的改变和敢于否定自己，是不断取得经营成功的必要条件。

第五部分

运营智慧

一、

目标管理：以目标为导向，进行企业运营

没有靶心，射箭毫无意义

有个学员把今年定的业绩目标发给我看，去年是3 300万元，今年只定了3 500万元。他从事的行业不错，仅从行业的正常增长来分析，也大于3500万元。业绩目标虽然看上去只是一个财务指标，背后折射的却是你对市场、团队和自己的信心，你的预期不高，团队的干劲随之降低。一个不自信的目标，会将自己彻底出卖。经营企业一定要有合理的目标，这个目标包括整体性目标和阶段性目标，刚才说的例子就是阶段性目标。如果将我们的日常活动比作射箭，那目标就是靶心。缺少这个靶心，射箭就毫无意义。稻盛和夫先生的京瓷在西之京原町创立之初，虽然只是一个小企业，却确立了宏伟的目标：第一步成为原町第一，第二步成为中京区第一，第三步成为京都第一，第四步成为日本第一，第五步成为世界第一。这个目标就是整体性目标。

把“时间期限”缩短一点，效率就提升了

什么叫效率？在一定时间内，完成更多的工作量，或拿到更好的结果，就叫工作效率。要想提高效率，可以采用两个方法：一是在时间不变的情况下提高速度，二是在任务不变的情况下缩短时间。以往我们都会采用第一种方式去提高效率，从而忽略了第二种方式。其实，很多工作，只要在制订计划或目标的时候，把“时间期限”缩短一点，就能提高效率。用时越少，效率越高。给自己定个时间更短的目标，尝试给自己一些压力，效率自然就能得到显著提升。

做事情的动机，决定了动力大不大、能持续多久

任何人类活动倘若没有一种精神价值作为其目标，不管表面上多么轰轰烈烈、有声有色，本质上都是贫乏和空洞的。人生最高的境界是内在的丰富，做企业同样如此。一个企业的存在，如果仅仅是为了谋取利润，而没有其他高尚的动机，注定只能是个小公司，即使再赚钱，充其量也只能是个空洞的“壳”。做一件事情的动机，决定着动力大不大、能持续多久。

将自己视为“首席解释官”

没有充分的沟通，就无法达成内部的共识，而团队的共识程度，直接决定了团队的凝聚力和战斗力。杰克·韦尔奇说：领导者要将自己视为“首席解释官”。一个称职的“首席解释官”，可以把企业内部的消耗降到最低。你需要向员工解释公司的战略，让他知道努力工作能抵达哪里；你需要向员工解释公司的文化，让他明白大家所做的事情是有意义的；你需要向员工解释这件事情我为什么要这么做，让他在那个阶段、那个位置能够尽量理解你……意识到这件事情的重要性，才能成为一个合格的领导者。

公司存在的理由是造福社会、成就员工

一位美国企业家说过："不要告诉我分娩有多么痛苦，把孩子抱来给我看看。"听上去有些不近人情，但经营企业不就是这么回事吗？公司存在的理由是通过实现利益最大化，回报股东，造福社会，成就员工，所有的这一切都建立在盈利的基础上。投入同样的资源，产出最大的价值，是公司的最高经营境界。价值要靠员工的努力去创造，员工则要通过取得的成果来证明自己的价值，公司应该帮助员工实现自身价值，提升创造业绩的能力，而不是责怪他们付出劳动却一无所获。

目标完不成通常有三大原因

目标完不成通常有如下三大原因。

1. 没有科学的目标。目标定得过高，过于理想化，缺乏事实数据的合理分析，员工就会认为根本做不到。

2. 没有科学的奖惩。员工不愿意为企业和老板达成目标而付出，相比企业强势下达给自己的任务，员工更愿意为自己的目标而努力，而合理的奖惩会将两者统一起来，从而实现企业和个人的目标一致。

3. 没有科学的过程。领导只关注结果不关注过程，没有科学的流程、没有正确的方法、没有充分的支撑，就不可能拿到你理想的结果。

二、产品管理：从细节做起，努力提高产品质量

为什么产品卖不出去？因为没搞清楚卖货背后的基本逻辑

为什么你的产品卖不出去？因为一开公司就想着卖货，没搞清楚卖货背后的基本逻辑。能卖多少货取决于你能建立什么样的通路，虽说条条大路通罗马，但前提是至少得有“路”。通路足够强大，什么货都能卖得很好；通路没有真正建立，产品再好也只能孤芳自赏。在产品过剩的时代，通路比产品本身更重要。无论是渠道为王，还是社交裂变，抑或商业模式的创新，本质上都是构建一个强大的通路。

集中精力把一款产品做到极致

一个餐厅之所以生意好，绝不是因为它所有的菜都能拿得出手，而是有一两道菜非常惊艳。一个老师之所以受欢迎，绝不是因为什么都懂，而是因为有一门课程可以讲到极致。一个医生之所以声名远扬，绝不是因为包治百病，而是因为有一个专业可以做到登峰造极。集中精力把一款产品做到极致，你就能在江湖上立足。正确的经营模式应该是，要做一款能让 100 个人爱上的产品，而不是 100 款顾客觉得还凑合的产品。

用匠心来打磨自己的产品

能否把一款产品做到极致，能不能把客户的某个痛点解决到极致，决定着企业在市场上的生命力。在消费者越来越挑剔的今天，企业应该用匠心来打磨自己的产品，不能将就，只能完美。如今，不是产品不好卖，而是普通产品没有出路。在产品全面过剩和严重同质化的今天，只有小部分优秀产品会被客户记得和选择。不管到了什么时代，都要将产品做到极致。

实物产品是为模式服务的

很多人认为，模式只是一种卖货的套路。这就是典型的产品思维。在做模式的人眼里，模式本身就是独立的产品，实物产品是为模式服务的，它发挥的作用仅仅是连接客户和实现变现。例如，对于拼多多来说，页面上五花八门的产品是它的产品吗？对于微商来说，今天卖面膜明天卖减肥药，这是它的产品吗？对于国美来说，电视、冰箱、洗衣机等是它的产品吗？或许，国美觉得自己的真正产品就是国美本身。

把精力聚焦在你能看到的当下

我们的认知是有局限性的，盲目自信，很容易被带入巨大的误区。不要随便给自己、给他人或给企业做长期规划，一张口就是十年、二十年、三十年，当下的事情却做得一塌糊涂，这不是远见，而是好高骛远。为什么这么说呢？

1. 环境处于变化中，有些变化无法预测；

2. 你的认知是有局限性的，你所能预见的东西不一定正确，最多只能保证在眼前这个阶段的正确性；

3. 有时你所信仰的真理与现实之间存在巨大的差异。

把精力聚焦在你能看到的当下，往往更有生产力。

未来产品的共同特征：好玩和幽默

有趣是未来商业的灵魂。解决温饱问题后，人们开始对快乐有更多的向往。所以，企业在解决客户最基本的需求后，能不能让产品或服务变得更有趣、更好玩？谁能够把自己变得更“有趣”，谁就能赢得更多的客户。如今，有趣的餐厅、酒店、地方、产品和服务越来越多，人们愿意在“有趣”这件事情上花费更多的时间和金钱，这也是消费升级的一个重要趋势。要想设计出有趣的产品和服务，设计者本身应该具有有趣的灵魂。只有爱玩的人，才能设计出好玩的东西；只有风趣幽默的人，才能让原本传统的东西变得更加有趣。未来社会的主流人才不仅要有智慧，还要具备好玩和幽默的品质。而这样的人才，是传统教育无法培养出来的，更加稀缺。

用行业最高的标准来要求自己

如果想要成为行业的标杆，想成为一家影响中国 100 年的品牌，就要用这个行业最高的标准来要求自己，不断满足客户的最新要求，做百年老店和用 100 年做同样的产品，是两回事。对于多数行业来说，为了成就一个百年品牌，产品只有不断升级和迭代。因为只有这样才能快速满足客户的需求，才能永远被客户记住和需要，实现基业长青。你的价值不在于你能做什么，不在于你能做好什么，而在于能不能做出客户真正需要的东西。

为用户提供独有体验，才能获得顾客青睐

如今，人类的发展正在去感情化，人与人之间的沟通越来越少，情感越来越淡，彼此之间的信任越来越稀缺，人们只愿意相信数据，变得像机器一样。相反的是，技术的发展却在感情化，比如：机器人正在走进人类的生活，人工智能正在走进人类的内心，机器变得越来越像人。在这个“颠倒”的世界里，谁也说不清楚技术的发展到底是人类文明的进步还是退步。如今，商业核心优势正在从“价格”回归“服务”，但是跟服务比起来，电商怎么可能是实体店的对手？电商曾经用“价格”和“效率”逆袭实体店，实体店要想扳回一局，就要重视“服务”与“体验”。在“体验”大于“价格”的时代，实体店必然迎来发展的大好机会。

三、

客户管理：秉持客户思维，提高核心竞争力

● 用户思维

只有进入用户为王的时代，用户才是真正的上帝

在产品、渠道为王的时代，用户从来都不是上帝，他们只是被企业善待的“取款机”。只有进入用户为王的时代，用户才是真正的上帝。现在这个时代用户获得了“消费主权”，他们可以轻轻松松从一个平台切换到另一个平台、从一个产品切换到另一个产品，他们的选择决定企业的生死存亡。企业只有如临大敌、如履薄冰时，用户才是真正的上帝。现在，互联网极大地降低了交易成本和边际成本，把所有产品恭恭敬敬地呈现在用户面前，等待用户“宠幸”，用户为王的时代已然到来。在这样的时代中，每个企业都应该从产品的代理人变成用户的代言人，才能完成未来商业的华丽转身。

用户为王的时代，用户需要什么我们就做什么

在用户为王的时代，不再是我做什么用户就只能买什么，而是用户需要什么我们就要做什么。这就是我说的，从产品的代理人到用户的代言人。在互联网公司里，为什么会多出一个“产品经理”的角色？他就是专门负责研究用户需求的，他代表用户的利益，对用户的体验负责，他的作用就是用户的代言人。有的公司口口声声说站在用户角度、以用户为中心，但是在公司里却没有人可以代表用户的利益，实际上还是以自己为中心。微软创造的“三驾马车”理论一直沿用至今，并且效果极好，讲的就是从产品经理到开发、测试形成一个铁三角，这三个方面彼此制约，相互完善。所有以用户为中心的公司都应该有“产品经理”这样的岗位，他们在整个企业内部价值链的重塑中扮演着重要的角色。

对得起客户，对得起社会

大多数人的创业，都是从追求利益而开始的，因为责任而坚守，因为梦想而努力，因为热爱而与众不同。最初他们只是为了赚钱，这时候努力都是为了对得起自己。若干年后他在物质上已经高度满足了，却还是停不下来，不是他的欲望被放大了，而是责任变大了，因为他要对得起员工，对得起客户，对得起社会。一个人到了功成名就的阶段却还是停不下来，那一定是因为梦想，梦想不一定是用来实现的，但一定是用来追逐的。一个人要想把事业做到极致，让它散发出与众不同的光芒，那一定是因为热爱。

准确判断客户的需求极其重要

对于一个创业者来说，准确判断客户的需求是一件极其重要的事情，因为这是我们创造价值的基础。然而，客户的需求就像一个黑匣子，它既是产品设计的核心，又是组建团队的关键，绝不是你一眼就能看穿的。经营者很容易受到来自各个方面的信息干扰，错误地把大众泛泛的需求当成客户需求。又或者经营者受制于自己的眼界，看不到更深层次、更广意义上的客户需求。毫不夸张地说，洞察客户的需求是创业的基础。

如何界定客户有没有黏性

我们都知道客户的黏性很重要，但如何界定客户有没有黏性呢？有赞的创始人白鸦说过，10% 的消费额就是黏性边界。我们要做的，就是迈过这 10% 的黏性边界。比如，客户在学习上的总预算是多少？如果你连 10% 的份额都没有占到，就毫无黏性可言；如果你可以占 50% 以上的份额，就是强黏性；如果客户 90% 以上的消费都给了你，那你们就是密不可分的。这样的客户，才是真正的高价值客户。在任何行业，如果你连客户 10% 的消费都没有拿下，就说明你对客户没有黏性，这代表着客户对你没有信任。为了提高客户的黏性，有人觉得“低价”可以横扫一切，便宜固然重要，但是信任更重要。因为人们更愿意去消费那些自己信得过的东西，而不只是便宜的东西，没有“对便宜的信任”，产品就是再便宜，客户也会随时抛弃你。

文化的大旗好竖，在时间的洗礼下能否屹立不倒才是真考验

在创新论坛上，蔚来汽车副总裁魏健分享了蔚来的企业文化。其“为用户创造愉悦的生活方式”的使命和“成为一家‘用户企业’”的愿景，让我深受触动。文化的大旗好竖，在时间的洗礼下能屹立不倒才是真考验。我见到过太多的企业，是文化落地道路上的“伪君子”，那些无法扎根和生长的文化，反而会成为企业的一种负担，不如不要。在这件事情上，蔚来是一家真实、真诚的公司，是一家真正做到文化落地的企业，值得我们尊敬。成为一家“用户企业”谈何容易，但是蔚来却把这样的愿景转换成了一个个以用户为中心的具体行为，这是它能赢得人心的根本。蔚来汽车，民族之光，中国需要更多这样的企业。

企业存在的目的更重要的是“为人心服务”

我在常州和伙伴们连续作战 7 天，举办了全员文化大训。公司不仅要打造卓越的企业文化，更要把企业文化做到深入骨髓，以“文”“化”人。公司的理念不是“如何激励员工”，而是“如何引领员工拥有舒展的心灵”；不是“如何获得业绩的增长”，而是“如何让员工收获幸福的人生”。稻盛和夫先生认为，企业存在的目的并不限于德鲁克所提到的“满足外部社会的需求”；更重要的是“为人心服务”，通过凝聚人心、塑造人心、磨炼人心，来帮助人超越本能和欲望的束缚，发扬人性中光明、强大、美好的一面。当每一个员工脸上都洋溢着幸福喜悦的笑容、展现人性的光芒与力量时，这样的企业才是真正卓越的企业!

给客户创造超越预期的体验

想要争取客户对企业产品主动的转介绍，就要做到给客户创造超越预期的体验。没有在产品层面征服客户，就没有办法赢得客户发自肺腑的分享和自发的转介绍。那如何升级自身的产品和服务呢？首先，要学会把自己变成客户，全程体验自身的产品和服务。其次，动员所有员工一起来给产品“挑刺”，甚至内部悬赏。最后，锁定一个改善点，明确一个改善周期，建立一套改善制度。

比功能更稀缺的是体验，比体验更稀缺的是个性化

供需理论是一个基础的经济学模型，指的是在竞争性市场中，供给和需求的相对稀缺性决定了商品的价格和产量。这种供需关系会通过价格和竞争进行自我调节，这也是亚当·斯密在《国富论》里所说的“看不见的手”。“尊贵”的“贵”，有时并不是因为这个东西真有价值，而是因为供需关系中的供给稀缺，这就是我们常说的“物以稀为贵”。然而，稀有物资会永远稀缺吗？如果是自然资源，完全有可能一直稀缺，比如黄金和石油。如果这种稀缺物资不是“天然”的，就会在商业发展的过程中，随着需求的推动和科技的进步，不断从稀缺走向充沛，直到供需平衡甚至供大于求，物资价格回落不再稀缺。在以后的商业活动中，比功能更稀缺的是体验，比体验更稀缺的是产品的个性化。

● 客户服务

企业家心中被小我占据，就无法做到以客户为中心

客户的需求是企业存在的理由，客户黏性是决定企业长盛不衰的关键。然而，“以客户为中心”却不是想有就有的，这是一种需要建设的心灵品质。因为每个人的心中都有无尽宝藏，但是这一宝藏往往为不明与贪欲所遮蔽和阻碍，因此无法开发，更谈不上妙用无穷。不明与贪欲，就是“小我”；去除不明与贪欲，“大我”即会呈现。当企业家心中被小我占据的时候，即使想要以客户为中心，也无法做到。企业家必须将心中的瓶盖打开，让心灵变得纯粹、干净、空灵，这时才有可能将客户真正装在自己心中，也才有可能听到客户真正的诉求。“以客户为中心”，才有可能真正变为现实。

深刻理解服务，才能把服务做到极致

深刻理解服务，才能把服务做到极致。

1. 服务是产品的一部分，不是可有可无的，特别在产品严重同质化的今天，服务是打造差异化最有效的手段。

2. 想要和客户建立起心与心的连接，仅靠产品远远不够，优质的服务是叩开客户心门的最佳方式。

3. 服务不是用来弥补不足，而是要给客户制造意外惊喜的。

4. 服务虽然增加了成本，但是可以提高复购率、增加转介绍，好的服务，一定可以带来利润的增加。

评价服务做好的标准是“三化”

评价服务做好的标准是“三化”：差异化、标准化和个性化。

首先，差异化。海底捞送眼镜布你也送眼镜布，肯定送不出别人的效果了。企业要通过差异化的服务，形成自己的特色。

其次，标准化。服务体系的框架设计要标准化，一定要明确：要给哪些客户提供服务？提供哪些服务？解决哪些问题？要做到什么程度？这些都必须形成标准。很多企业做不好服务，就是因为没有制定相关标准。

最后，个性化。顾客群体千人千面，企业也要做到“一人一方”。真正打动客户的服务，往往就是这些个性化的、走心的小细节。

要排除客户顾虑，就要快速建立信任

如何排除客户顾虑，快速建立互相信任？通常有如下三种方法。

1. 品牌承诺。越是大品牌，越能给客户带来安全感。大品牌违约成本高，消费者往往更倾向于购买大品牌的产品，他们觉得质量有保障，投诉有人受理。如果你的品牌力比较弱，可以通过“无条件退货”“随时退货”“无效退款”等主动承诺来快速获得客户的信任。

2. 用户体验。其他客户的体验会给品牌增加信任感。淘宝商户为什么重视用户的评价，大众点评上的评价为什么重要，小红书为什么能够快速崛起，原因就在于此。

3. 第三方背书。用专家、明星或权威机构来为自己的产品背书，是一种借力，也是明星带货的核心逻辑。

差评，是逆袭的绝佳机会

不要忽略客户的差评，更不要把给差评的客户拉进黑名单，因为差评是逆袭的绝佳机会。客户批评你说明还有关注度，如果能够让客户“黑转粉”，他以后的忠实度和支持度，一定比一般粉丝更大。在服务业，喜欢投诉的顾客才是最好的顾客。顾客投诉的时候，就是企业赢得终身顾客的时候，只要认真倾听他的投诉，并解决他的问题，给他以适当的甚至超额的赔偿，他就会终身信任你，成为你的终身顾客。所以，企业要认真倾听客户的声音，只要是投诉，就要认真对待。

购买的最高境界是通过购买来建立超越利益的人际关系

有时候我们通过购买的方式来建立高端人脉，因为购买不仅能满足自己的消费需求，还能满足别人的需求；购买的最高境界是通过购买来建立超越利益的人际关系。顾客的很多购买行为都不是因为真的需要，只是因为别人想让他买。顾客用成就别人的心态来购买你的产品，会在无意中结交很多朋友，获得很多好感和信任。然后，他们就能学到智慧，看清楚商家的商业逻辑，甚至获得商家投桃报李式的回馈。

用优质的产品和服务赢得客户

曾鸣教授说："未来最大的机会是中国基本上所有的领域都存在严重的供给稀缺，任何一个领域，好的产品和服务都极度稀缺。中国所有的领域现在都是低端供给过剩、高端供给不足，谁能用科技创新的方法去解决该领域优质产品供给短缺的问题，谁就是未来最大的赢家。"现如今，中国的供给过剩是指整体情况，并不代表全面过剩，最缺的是优质的产品和服务。

不在服务上下狠功夫，企业就没有未来

经营好公司有很多因素，最重要的当数以下两点：产品好是第一，服务好是第二。过度依赖模式，不注重服务，就会头重脚轻。“樊登读书会”在线上知识付费领域之所以可以在竞争中胜出，就是因为它的线下服务做出了特色，增加了用户的黏性，丰富了用户的体验。传统公司要在服务上下狠功夫，如果做不到这一点，企业就没有未来。只有采取“产品＋服务”的模式，才能实现从产品供应商到解决方案供应商的升级。

利益并不源于勤奋，而是客户的认可

穷人为什么穷？有时候，并不是因为你不够勤奋，而是因为你不为市场勤奋。在市场经济下，利益从何而来？不是通过勤奋，而是从客户的认可上来。富人未必是最勤奋的人，但他们一定是最懂市场的人，是市场决定了谁富，而市场的背后是消费者的需求。让最懂市场的人富，就能客观上鼓励更多的人为消费者着想；让不懂市场的人穷，客观上就淘汰了那些不考虑消费者需求的人。

增加客户的“转换成本”

想要提高客户的复购率，先要增加客户的“转换成本”，说白了，就是要知道让客户离开你有损失。这个损失越大，客户的黏性就越高，复购的可能性就越大。其实，多数客户都不轻易更换产品、更换厂家，企业要给他们创造一个不买竞争者产品的理由，这个理由就是转换成本。多数时候，客户买谁的都一样，缺少让客户留下的理由，他们随时随地可以离开你。产品的转换成本越高，客户二次购买的可能性就越高。

只有客户希望你好，你才能真的好

客户为什么会希望你好？只有客户成为受益者，他才会情不自禁地分享你的产品；只有客户成为获益者，他才会义无反顾地来帮助你的企业的发展；只有客户被你的产品成就，他才会发自肺腑地希望你好。所有客户都希望有能力、有实力的人来服务自己，为了让客户变得更好，我们就要坚持学习、不断成长。客户越多，企业才能变得越来越好。

要想获得真正的成功，就要真正做到“利他”

一个人或企业不能获得真正的成功，就是因为不能真正做到“利他”。企业做的所有事情对员工有利、对客户有利、对社会有利、对国家有利，身边所有人都会希望你成功，岂有不成功的道理？做一件事情对谁有利，谁就会有动力；这件事情对谁有利，你就能从谁身上获得护佑你的力量。不要轻易把“利他”挂在嘴上当作自己道德的名片。如果一个人的境界尚未提升，格局还未打开，整天跟你说“利他”，你要小心了，他极有可能是个精致的利己主义者。他所做之事，如果只利他不利己，一定是个骗子；如果只利己不利他，一定逃不过因果。普通人为人处世，要想有个好的结果，只有一个出路，那就是“自他两利”！

第六部分

商业智慧

一、

商业思维：市场定位是企业发展成败的关键

要想品牌成功，就要锁定中产

要想打造成功的品牌，就要牢牢锁定和影响中产阶层这个消费群体，因为他们是意见领袖和口碑的来源，是消费市场的风向标，引领了消费的潮流。新商业模式的创新将围绕高端品质和精神层面的需求展开，要想办法让新中产阶层更有存在感、仪式感、幸福感和潮流感。企业只寄希望于价格战，在中低端市场血拼，利润只能加速下滑，生意会越来越难做，因为这样的企业和产品很容易被取代。

可以没有终端产品，但不能缺少经营终端客户的思维

企业可以没有终端产品，但绝不能缺少经营终端客户的思维。产品不管是什么，即使是颗螺丝，最终都要落到终端客户手上。只有真正了解终端客户的需求，才能为客户创造价值。如果企业只做半成品，或只做代工，就会停止思考，别人下什么订单，都听话照做，只能沦为一台纯粹的加工机器。优秀的企业都会时刻保持对市场的敏锐，通过洞察终端客户的需求，提供自己的设计理念和价值主张，如此就可以帮助客户获得更多的终端客户。企业只要具备了这个能力，就能通过对 C 端客户需求的洞察，拉动 B 端客户对你的需求。

机会往往孕育在变化中

创业往往源于一个机会，那机会从哪里来呢？机会往往孕育在变化中。当环境发生某种变化时，要么原来不能做的事情具备了可行性，要么就是旧有的业务用原来的方法失去了可行性。从这个意义上来说，机会往往和某个特定的时间窗口相挂钩，这就是我们说的“过了这个村，就没有这个店”。阿里巴巴的成功，腾讯的成功，包括联想和华为的成功，其实都是在特殊的时代背景下，在那个特殊的“时间窗口”里取得成就的。

未来的消费应该有三大趋势

未来的消费，会呈现出三大趋势。

1. 新精致主义。企业为了满足消费者对生活品质的追求和审美的追求，就要用匠心来打造产品，从而提高竞争力，可以预见，有内涵、有品质预见的新产品必然崛起。

2. 新生活主义。企业为了满足消费者心理需求和精神需求，可以通过一种符号、一款产品、一种体验来展现他们的生活方式。

3. 新健康主义。人们开始追求工作和生活、事业和家庭、健康和生命的平衡。

不管做什么行业，高端市场永远利润最高

未来，最好的市场一定是高端市场。不管涉足什么行业，高端市场永远都是利润最高的市场。在一个行业里可能只有10%的客户是高端客户，他们却可能贡献了行业50%以上的利润。有人说，高端市场太难做了。错！你开发10个100万级别的客户，和开发1000个万元级别的客户，付出的时间和面对的困难是一样的。差别就在于你最初的选择，就像扣扣子，只要扣错了第一粒，余下的扣子都会扣错。显然，选择的重要性大于努力。

定位与能力不匹配，生意就成了伪命题

企业确定高端市场的定位并不难，难的是是否有与之匹配的战略能力。仅将产品包装换一下、价格涨上去，并不是高端，对市场和客户缺乏敬畏心，企业绝不可能获得持续发展。你要解决的问题是：你的产品能否做到业内一流？你的服务能否做到行业最佳？你是否具备打造品牌的能力？你能否提供最好的解决方案？你能不能创造最好的用户体验？你有没有与之相匹配的资质？……理想是美好的，现实是残酷的；如果定位与能力不匹配，生意就成了伪命题。

未来的商品不仅要提供功能，更应该抚慰心灵和情绪

中产阶层的消费心理，绝不是低价，他们需要用高品质产品来提升生活档次，用品牌来追求心理满足。不要谈什么刚需，没有什么是必要的，只有想要的。未来的商品不仅要提供功能，还要能抚慰用户的心灵和情绪。品牌的创新需要不断升级：从解决问题到引导生活方式，从使用产品到享受生活，从趋同消费到个性消费，从物质追求到精神的愉悦。

有机会切入高端市场，绝不要做中端市场，更不要碰低端市场

全球最大的广告传播集团 WPP 做过一个调查，在中国 TOP100 的品牌当中，所谓成功的品牌 40% 都是超高价定位的，24% 是高价定位；在失败的品牌中，高价和超高价品牌只占 5% 和 9%。这个结果告诉我们，随着人们生活水平的提高和新中产阶层的崛起，消费升级的浪潮越发清晰和猛烈，高端市场虽不是最大的市场，但一定是极好的市场，企业如果有机会切入高端市场，绝不要做中端市场，更不要碰低端市场。

要想在下沉市场获得胜利，就要以量取胜

如今，中国有一种新的“人口红利”，南京一年吃掉一亿只鸭子，武汉一年吃掉30亿只小龙虾；全国有40万家火锅店，超过50万家奶茶店；有超过12亿人没有出过国，有10亿人没坐过飞机……这些市场足够大。下沉市场带来了全新的商业高地，想要在下沉市场获得一场真正的胜利，就要以量取胜。在低端市场，企业的经营没形成规模之前，会活得很累。

二、

资源整合：合理利用各种资源，促进企业的发展与成长

你所欠缺的一切资源，其实都是别人正在拥有的

真格基金徐小平说：“合伙人的重要性超过了商业模式和行业选择，比你是否处于风口上更重要。”公司经营之所以遇到瓶颈，就是因为创始人或创始团队的能力和资源存在着某种欠缺，有些资源不需要重新创造，只需借力融合即可。你所欠缺的一切资源，其实都是别人正在拥有的。这个人就在世界的某个角落，你要做的，就是发现他，吸引他，最终和他合作。找到比自己更有能力、更有资源的人，把他变成自己的合伙人，就可以快速弥补自己的不足，让所有问题迎刃而解。

单打独斗永远成不了大气候

企业在经营中知道单打独斗永远成不了大气候，合作共赢才是时代的主旋律。学会与别人合作，才是走向成功的开始。合作能力就是吃亏能力，愿意吃亏，合作能力就强；不愿意吃亏，合作能力就弱。所以，合作不是看能力，看的是格局。人生在世，并不只有竞争和索取，更多的是合作共赢。有了这样的认知和觉悟，才能收获物质和精神的双重财富。

只有融合更多资源，才能创造更多的可能性

当今时代，如果想成功，就要学会与人合作。只有通过合作，融合更多资源，才能为自己创造更多的可能性。特别是在二次创业的过程中，合作更是核心旋律。为什么很多传统企业家无法建立起更多的合作？有以下三点原因。

1. 没有合作意识，习惯了单打独斗，习惯了独来独往。

2. 没有合作精神，拘泥于旧规则，或者不重视规则，缺乏契约精神。

3. 不懂合作方式，不知道如何选择合作对象，不知道该用什么方式合作，错误的合作方式必然将合作带向失败。

学会找投资，用稀释掉的股份购买一份“创业保险”

我不太建议用养家糊口、特别是父母养老的钱去创业。这和信心没有关系，相反，有信心的人，才敢于让自己面对各种各样的投资者。创业本就是一场比赛，只有业余选手，才会把它变成一场搏命式的赌博。因此，创业者要学会找投资，用稀释掉的股份购买一份“创业保险”。如果见了 10 个投资人，他们都不看好你，绝不是他们没有眼光，一定是你自己有问题。如果融资成功了，也不要沾沾自喜，因为这不是成功的标志，只是标志着公司进入了新的阶段。利用投资持续创造价值和稳定的盈利能力才是企业要追求的目标。

要想把事做好，就要花大量时间在选择合伙人上

创业，需要合伙，但要学会规避合伙带来的风险。真格基金创始人徐小平提出："合伙人的重要性超过了商业模式和行业选择，比你是否处于风口上更重要。"这句话强调了合伙人的重要性。选对了合伙人，即使项目略差，也能慢慢做好；反之，再好的项目也会做烂。要想把事情做好，就要花大量时间在选择合伙人上，只要找对人，接下来的事情就会很轻松。什么时候都不缺好项目，最缺的是能把事情做好的人。

若要吸引精英圈层，首先就要展示出你的层次和实力

不是你的人脉不够，不提高自己的认知，就算你进了精英圈子，也没有办法结交真正的朋友。真正能合作的朋友应该是相互欣赏，甚至相互钦佩，实力上旗鼓相当、势均力敌的，合作发展是良性的、持续的。无论是加入一个圈子，还是创立一个圈子，你先要考虑的是自己有什么东西可以提供，而不是一味地去寻找圈子里的各种资源。任何人都不会轻易地把珍贵的资源给你，而是会问“你能给我带来什么”，这就是人性。越是高端的人脉，越珍惜时间和资源成本，因为他们每个人的成就都是扒了一层皮换来的。吸引精英的圈层，跟你所处的行业领域没有关系，只跟你的层次和实力有关。

资源整合，核心在于参与者的态度

做资源整合时，确实会遇到很多问题，比如，整合的方向、整合的途径和整合的方式。其实，这些都是次要问题，真正的核心问题在于参与者的态度。这个“态度”就是指，参与者之间深度的互信和价值观的高度一致，这也是实现深度资源整合的核心。每个人背后或多或少都存在一些有价值的资源，在信任没有达到一定程度的时候，一般都不会轻易把自己最优质的资源暴露在别人面前。一帮人草草地聚在一起，一上来就谈资源整合，其实是个伪命题，充其量只能象征性地互相捧捧场卖卖货。相同的价值观，决定了大家能不能展开合作；互信的程度，则决定了合作的深度。

长期给人不靠谱的印象，会让合作的人没有安全感

所谓靠谱，指的是你能够持续地为自己所在的协作网络提供别人可预期的确定性。要想成为一个靠谱的人，就要换位思考，思考对方需要什么样的确定性。有时候“无心”的不靠谱，也是不靠谱，所谓不靠谱，就是不能满足这种确定性。长期给人不靠谱的印象，会让所有与你合作的人没有安全感。一个人是否靠谱，不完全取决于能力，而是取决于承诺是否和能力相匹配，所以要努力让自己成为一个可预期的、确定性的、靠谱的人。

不能实现共赢的合作，通常都走不远

要想将渠道做好，必须具备共赢的思维；而要想建立共赢思维，先得从“整合”思维过渡到“融合”思维。整合的背后是互相利用，融合的背后是相互共生。企业运营，如果你赚到了钱，合作伙伴只能分到残羹剩饭，甚至根本赚不到钱，这个合作就很难做大，更无法做久。真正的共赢，是先帮助合作伙伴赚到钱，帮他们获得成功。只要你的模式可以让合伙人获得成功，你就可以获得成功。不能实现共赢的合作，通常都走不远。

为什么融不到钱？最大的原因就是思维被局限

虽然平台资源丰富，但资源整合的效果不一定就好，原因是我们没有把资源盘活。合作者的“态度”决定结果，把解决“态度”问题放到整个资源第一位，将整合的方法放到第二位，就能实现与参与者之间的深度互信和价值观的一致。很多企业老总为什么融不到钱？最大的原因就是自己的思维被局限了。为什么非要 VC 投资？为什么非要融 PE 的钱？如果能够让一部分信任你、有资源的客户出钱和你合作，岂不是一箭三雕？既可以解决资金问题，又能解决渠道问题，甚至提前锁定了一批 VIP 级的消费者。这种方法并不是异想天开，只是超出了你的认知。

融资能力和投资能力要均衡

企业融不到资金是问题，融资太多也是问题，最好的方式是明白自己这个阶段对资金的需要，用多少就融多少。融多少钱干多少事，融资过多就会干太多事，多出来的事反而会把你带偏。钱多了，想法就会变多，团队也会膨胀，直接影响到你做事情的态度和方法。融资能力和投资能力要均衡，融资能力太强，团队建设跟不上，投资能力跟不上，多出来的钱很可能就会盲目投资，降低了投资的整体收益。

心中没有能量和智慧，只能任人宰割

很多企业家有个特点：一遇到问题，就想托关系；一面临挫折和挑战，就想找靠山。这种“托关系、找靠山”的思维方式，会让我们逐渐远离本质，裹足不前。把希望寄托在别人身上，是很多人的惯性思维。这样做，短期内也许会让事业发展得更好，但靠山会让我们不再反求诸己，失去战胜困难、垂直攀登的良机。绝非长久之计。心中没有能量和智慧，只能任人宰割。

三、

行业竞争：正确定位竞争者，提高自我能力

看到同行做得很好，应该开心

行业永远是无辜的，不要说你所在的行业不好做，只是没有找到最佳路径，哪个行业都不好做。你所在的行业只要有人做得比你好，你却没做好，就是你的问题，怎么能把做不好的原因归结到行业身上？所以，看到同行做得很好，我们应该开心，而不是羡慕忌妒恨，至少他们已经证明了这个行业完全可以被做好。如果一个业态出现了好几年，几乎没有赚钱的企业，得到的都是不好的结果，就不要轻易去挑战这样的行业。

别人容易伤到你，说明你还在别人的射程之内

不要总是抱怨竞争的激烈，更不要整天都将“×××伤害了我”挂在嘴上。如果别人很容易伤到你，只能说明你还在别人的射程之内。为什么开饭店竞争这么激烈？为什么服装店这么难开？因为满大街都是。不是市场变成了红海，而是你的思维停留在红海。市场上，几乎所有竞争都是在低分段展开的，0~50分阶段是你死我活，50~80分阶段是明争暗斗；摆脱竞争最好的方式，就是把自己提升到80分以上；如果能把自己逼到120分，眼前就会一片开阔，全是蓝海。

走出去，感受差距保持紧张感

德鲁克说：“管理者只局限在公司里了解情况，很容易陷入一种盲目的安心状态。”必须走出去了解同行，感受你们之间的差距，这种差距会让你时刻保持紧张，从而带动企业内部的变革；要尝试多接触其他行业，开阔你的视野，带来更多的灵感，从而推动企业的创新；要出去多看看这个五彩斑斓的世界，学会感受生活、享受生活，用心和它连接，把握时代的脉搏，让企业与时俱进，才不会被时代淘汰。

像“傻瓜”一样坚持，就会“傻人有傻福”

创业过程中会出现一种“傻瓜窗口”的阶段，别人不看好你，甚至嘲笑你，这时候不要轻易被打垮，要像“傻瓜”一样坚持，就会“傻人有傻福”。为了让消费者购物的过程不碎片化，在京东搜任何东西只出现一个选项，就能保证产品正品、低价和配送及时，因此，刘强东打算建仓做物流，自持货物。2007 年，在京东只有千万美元现金的情况下，刘强东提出要建立物流体系。很多人都认为他是傻瓜，但他坚持这么去做。如今，阿里巴巴猛补物流短板，并组建了菜鸟物流，刘强东靠着当年的坚持，京东今天依然可以凭借京东物流与阿里正面抗衡。

高手之间的对弈，胜败往往就在一着

高手之间的对弈，胜败往往就在一着。企业要想在对弈中获胜，就要从各个角度入手，在进行企业管理时，就不能一味指望员工多付出，老板也要做出相应的努力。首先，要和员工进行心与心的沟通，让员工体会企业的艰难，理解老板的不易，从而激发出团队的集体求生欲。其次，激励的手段要丰富，方法要科学，加大激励力度，鼓励大家群策群力，一起迎接挑战，这些都是在商战中取胜的关键，缺一不可。

唯有“置身事外”，才能生出大智慧

在红海中竞争的最佳战略是，不要成为无数个竞争对手中的一个，哪怕你可以暂时成为强者。最好的方法是，为其他竞争者提供比武的擂台，收取他们的参赛费。这就是我们说的“局外”思维。“当局者迷，旁观者清”，不要在过去的框架里思考问题，要到一个新的框架里去寻找答案。缺少解决问题的方法，往往是因为身在此山中。唯有“置身事外”，才能生出真正解决问题的大智慧。

将钱花在刀刃上，压倒性投入

有人说，钱要花在刀刃上。那么，刀刃在哪里？怎么能将每笔钱都花在刀刃上？这恐怕是世界上最难回答的问题。最有效的策略就是压倒性投入，只有财力有限、经济窘迫，才会被逼得精打细算。例如：广告投放需要花钱，你投一个星期，我就投一个月；你投一个渠道，我就投十个渠道……效果一定会比对手好。所以，越是大公司经营起来反而越简单，只要有钱，就可以通过压倒性的投入来确定甚至扩大自己的领先优势。

第七部分

战略智慧

一、

战略制定：根据企业的规模、业务特点等选择不同的战略

“小而美”与“大而全”并不是孰优孰劣的两种战略选择

“小而美”与“大而全”并不是孰优孰劣的两种战略选择，而是由不同行业的属性决定的。比如，内容、咨询、投资、艺术等需要特殊技艺的行业，很难产品化、标准化，更合适小而美，追求大而全反而会变得平庸。而那些标准化、平台化属性较强的行业，规模就要做得足够大，因为边界足够宽阔才有竞争优势。不理解这个道理，本来注定是小而美模式的却追求规模，本来应该大而全的却故步自封，只能让企业陷入困境。

把精力集中在主营业务上，才能创造更大的价值

人性有个弱点，就是吃着碗里的，看着锅里的。人们总是关注自己没有的，而忽视自己已有的。做低端市场的，总想搞个高端品牌；做高端市场的，总想进入下沉市场。看到别人的市场赚钱，也想去分一杯羹；看到对手的产品卖得好，总想着我能不能做个精品出来。不要什么钱都想赚，要留点钱给别人。把时间精力集中在自己的主营业务、主要市场上，才能创造出更大的价值。企业都有自己的能力边界，在组织能力不够的时候，盲目扩张，只能导致经营失败。

真正富有远见的战略是无声无息地布局

很多企业家都会高估短期动能，低估长期势能。一两年内的短期趋势比较容易被看见，企业制定战略往往会盯住这一两年内的短期机会。多年后回头再看，则是一声叹息——几乎每个短期机会都看到了，却错过了大势。真正富有远见的战略是，无声无息地做战略布局，“三五年之后见”！只有把握住长期势能，企业才能制定出真正意义上的大战略。

真正的与时俱进并不是随大溜，而是把握变与不变的阴阳之道

企业家不能过多地关注方法，从而缺乏在大方向层面的思考，因为方向一旦错误，再好的方法也是徒劳，效率更是无从谈起。这就是稻盛和夫先生所讲的“要做正确的事情，而非把事情做正确”。制定了正确的战略，就能做正确的事情，加上良好的管理则更能保证把事情做正确。没有正确的战略指引，盲目抓风口，企业是不可能走向伟大的。有些企业处于困境中，迫于生存的压力，就会盲目多元化；也有顺境中的企业，由于膨胀和自大，同样容易陷入多元化的陷阱，甚至还把这种多元化美其名曰“跨界”“融合”……其实，真正的与时俱进不是随大溜，而是把握变与不变的阴阳之道，《易经》讲“不易、变易、简易”三易之道，才是真正的大智慧。

真正难的，不是制定战略，而是卓越的战略定力

公司小，就不需要战略吗？不是！其实，所有的公司都有自己的战略，只不过，你没有感觉到它的存在罢了。当你决定要开一家公司，决定要做什么产品，决定做哪个市场，决定要瞄定哪部分人群时，你的战略就已经产生了。只不过，多数中小企业会在现实面前低头，迫于市场压力或抵挡不了诱惑，逐渐偏离了最初战略。因此，最难办到的，不是制定战略，而是卓越的战略定力。战略的执行离不开人，但一味地依赖人，这样的战略也不是好战略。真正的好战略，能降低对员工能力和素质的要求，可以让二流人才成就一流的事业。只有二流的战略，才迫切需要一流人才去执行。好战略不仅容易执行，还能激发公司上下的潜能和创造力。董事长生病却让员工吃药，优秀的人才就会转身离去；期待天才去执行的战略，肯定是平庸的。

不仅要坚持做正确的事，还要聚焦长期价值

我们不仅要坚持做正确的事，还要学会聚焦长期价值，做需要时间积累的事，和时间做朋友。战略规划一般都有 3 年、5 年、10 年的跨度，拉长自己的时间框架，放大自己的格局，才能把握大趋势，获得大机遇。制定正确的战略不难，难的是能不能抵挡住各种诱惑，特别是在当下，风口众多，机会也多，一旦偏离原来的战略规划，就会迷路。战略上的伟大成功，通常都源于创始人强大的战略定力。

不能过分看中技巧而忽略了决策本身

在企业发展的十字路口上，如果不知道该如何选择，只能说明你不是一个称职的“董事长”。大海航行靠舵手，缺乏对行业的洞见，缺乏对企业自身的认识，缺乏对未来发展的预判，关键时刻就会迷茫、举棋不定和不知所措。领导者做决策，可以听多数人的意见，也可以和少数人商量，但必须有一个人独立决策。但决策的制定需要技巧，更要引导大家达成共识。同时，领导者不能过分看中技巧而忽略了决策本身，否则就是本末倒置。德鲁克说，“有效的管理者需要的是决策的效果，而不是决策的技巧；需要的是好的决策，而不是巧的决策”。领导者要对决策的效果负责，而不是对某个人负责；缺乏大局观的人，很难做出正确的决策。一旦决策本身出错，再好的决策技巧，也毫无意义。

大的战略就是聚焦

阻碍企业取得卓越绩效的一共有两大因素：一是不聚焦，二是无法舍弃过去。世界上最伟大的战略就是聚焦，过早地发散会让企业形成大量消耗，陷入多元化的陷阱。推陈才能出新，如果想开展一项新的业务，卓越的管理者一定会先摒弃一项原有的业务，控制组织的“膨胀”。所谓今天，就是昨天所做决策和所采取行动的结果，尽量减少昨天遗留下来的、不能再产生成果的工作，只有这样，才能不断地提升组织效率，增加企业效益。很多人能力虽然很强，事业却不算成功。究其根本是多数人不懂聚焦。活在繁华的尘世，太容易心动而又无法抵挡住诱惑，朝三暮四，无法在一件事上扎根。人浮于事地活着，东一榔头西一棒槌的行事风格，如何成功？懂得聚焦，把时间和精力放到一件事上，想不成功都难。

二、

战略转型：转变战略，增强自身的品牌竞争力

商人最重要的特质就是“敏锐的嗅觉”

创业者首先要成为一个优秀的商人，而商人最重要的特质就是“敏锐的嗅觉”，不仅能敏感地捕捉到机会，还能敏锐地觉察到危机。其次还要有合纵连横的智慧，以及游刃有余的情商，否则投入越多，获得却越少。这也是很多没有“商人特质”的人创业多年仍然还在原地徘徊甚至一败涂地的重要原因。如果你天生没有这个特质，就要通过后天不断地学习去弥补，修炼这种特质。创始人的认知能否随着企业的快速发展而迅速提升，决定着公司的天花板。

不愿意花钱或不愿意承认自己的局限性而把事情干砸了，才丢人！

每个人的思想都有局限性，遇到搞不明白的地方，就得花钱去买。知识、技术、创意等，自己都没有，或搞不出来，要敢于承认，接受现实，花钱去买并不丢人。不愿意花钱或不愿意承认自己的局限性而把事情干砸了，才丢人！创意有创意领域的高手，技术有技术领域的高手，管理有管理领域的高手，企业家的主要任务就是进行资源整合，将原材料、人、创意等组合在一起，得到成品，再销售出去，把钱收回来，然后继续良性循环。

投资注重的是安全边界

投资注重的是安全边界，即使是再小的错误，也会降低你的资产存量，所以“能力圈”侧重于如何避免错误；学习注重的是边际效率，即使是再大的错误，也不会减少你的知识存量，所以“舒适圈”侧重于如何提升能力。战略转型过程中，思考要走出“舒适圈”，决策要回到“能力圈”；培训要走出“舒适圈”，执行要回到“能力圈”；绩效提升要走出“舒适圈”，业务扩张要回到“能力圈”。舒适圈是“知”，能力圈是“行”。“能力圈”是能力运用，大小不重要，边界最重要，可以让你在极度狭窄的细分领域做出大成绩；“舒适圈”是能力形成，边界变得大才是关键，所以我们要不停地把“学习区”变成“舒适区”。

越在转型的关键期，越不要好大喜功

企业转型时，正是企业家亲临一线、稳扎稳打之际。好大喜功，就会走得不够稳健，甚至出现“车祸”。转型时还要提速，这无形中就会增加转型的风险。只要有些许的急功近利，动作就会变形，基础就会不扎实，为发展埋下隐患。即使当下看不出什么影响，但过不了多久，多半都会带来危机。主动寻求变革，不是因为过去不好，而是为了追求更好。企业想要获得持续的领先，就要主动粉碎自己过去的竞争优势。同时，建立新的竞争优势，在下个阶段继续领先。迷恋过去的“温柔乡”，躺在过去的功劳簿上，只会让人醉生梦死、裹足不前。只有重新再出发，企业才能焕发出更大的活力。

三、

决策拍板：重视拍板的重要性，提高科学决策能力

真正决定我们命运的，往往就是关键的决策

一生中，我们要做无数个决策，甚至每天都要做很多决策，但是真正决定我们命运的，往往只有那 10~20 个关键的决策。比如，去哪个城市、上哪所大学、选择什么样的伴侣、做哪一份事业。在做出这些决策时，花费的时间通常都要比普通的决策多得多。“十一”去哪里玩，不重要；公司要往哪里去，很重要；今天晚上吃什么，不重要；公司要不要增加新业务，很重要。大小事分不清楚，任由自己养成随意决策的习惯，就有些可悲了。要想做出正确决策，就要先从两件事情开始：首先发现最重要的决策，其次集中精力认真面对这次选择。

聚焦组织内部最有价值的“要事”

对于管理者而言，并不需要做到事无巨细和亲力亲为，要把精力聚焦在组织内部最有价值的“要事”上。乔布斯每年都会带着最重要的100个员工外出开一次会，讨论“我们下一步应该做的十件事是什么”？确定了这十件事后，乔布斯会把后面的七件划掉，宣布：“我们只做前三件。”公司不会因为你处理好了小事和琐事而对你刮目相看，只会因为你做对了那几件“要事”而觉得你与众不同。“要事”是指对公司有长远性、全局性影响的事情。紧急的事往往不是“要事”，只是迫于时间压力；必须做的事也不是“要事”，只是最基础的。“要事”一般都隐藏得很深，很容易被我们忽略。缺少深度的思考和长远的眼光，就无法发现这些“要事”。发现“要事”，才是一个管理者最重要的能力表现。

分阶段进行，最后全面覆盖

薪酬变革关乎员工的切身利益，风险很大，要是搞不好，会伤筋动骨。员工一般都很难接受薪酬降低、收入变少的事实，即使他们表面上也认同执行新方案，但实际上内心根本不接受，也不会考虑公司利润有无增长、自己的能力有无成长、个人的贡献有无增加，他们只关心“我的收入有没有增加？”积弊不能回避，变革势在必行，企业家要思考的是：哪些部门必须改？哪些部门可以缓？哪些岗位伤害大？哪些岗位伤害小？哪些人阻力小？哪些人阻力大？把薪酬变革当作一个长期项目，分成几个阶段落实，直至最后覆盖所有关键岗位，这样总比眉毛胡子一把抓要强得多。

没有真本事的人，就没有机会

市场驱动就是坐向上的扶梯往上走，领导力驱动就是走楼梯向上走，创新驱动就是坐向下的扶梯往上走。可以预见的是，向上走的难度会越来越大，不是上不去了，而是没有真本事的人没有机会了。对于企业来说，只要还在往上走，就还有机会，一旦停止前进，就会招来灾难，不成长等同于“死亡”。无论产业发展到成熟阶段，还是企业发展到成熟阶段，创新驱动都是我们从第一曲线跨越到第二曲线的必经之路。要想笑到最后，必须提前培育创新的能力。

真正靠谱的人，做任何决策前，都会前思后想

做事情最怕"机缘巧合"，无数人倒下就是因为机缘巧合遇到了一个人、碰到了一件事，然后厄运连连。高手做事都是"有备而来"。一个靠谱的人，做任何决策前，都会思前想后，审时度势，哪怕不能做到胸有成竹，但至少自己会先"想清楚"，这是做一件事情的最低要求。连自己都没想清楚，就将结果彻底交给了命运，那么失败了，怎能怨天尤人？不管是选择一件事，还是选择一个人，你想清楚了吗？所谓"想清楚"，就是以后出了什么问题，只能埋怨自己，不能抱怨别人。

沉没成本

有些人明明知道选择出了问题，或者行业大势已去，却还在苦苦支撑。以前我一直以为是情怀在作祟，后来才知道，这样“高尚”的人其实不多。为什么不早点放弃？起码可以止损。道理听上去很简单，但能轻松放手的人却屈指可数。人们经常会陷入一种怪异心理：前期投入太多，却没有任何回报，自己不甘心。这种不甘，会让决策者失去理性，非但停不下来，反而投入会越来越多。在决定是否做一件事情的时候，不仅要看这件事情未来对自己有没有好处，还要看过去自己已经在这件事情上投入了多少。这种有趣而顽固的非理性心理就叫“沉没成本”。

很多时候，不决策就是最好的决策

当下属问一件事情该如何做的时候，管理者通常会觉得可以先搁置，不用急着决策。原因通常有二：一个是觉得这件事不一定非要现在做，可以往后放一放；二是因为目前形势并不明朗，或者自己不了解情况，立即做决策风险太大。确实，老板是要善于做决策，但并不代表任何事情都要立即决策。很多时候，不决策就是最好的决策。

决定与决策有什么区别?

决定与决策有什么区别?决定是针对个别事件的个别解,决策是针对所有类似事情的一般解。做一个决定往往只针对一件事,一次解决一个问题;做一个决策则针对所有类似的事,旨在一次解决重复问题,或者预防类似问题再次发生。决定的影响是暂时的、个别的,决策的影响是长期的、全局的。因此,管理者的重点是做决策而非做决定,因为每个决策都关乎企业长期或全局的发展。

只有深刻，才能简单！

思考的最高境界就是让问题变得越来越少，而不是越来越多。这项能力发展到最后，就是大道至简，追求极致的简单，才能带来真正的高效。苹果公司设计团队负责人说过这样一句话："想要获得简洁，你就必须挖得足够深。你必须深刻把握产品的精髓，从而判断出哪些不重要的部件是可以拿掉的。""简单"二字，谈何容易？没有深度的思考和洞察，永远无法抵达事物的本质。只有深刻，才能简单。

无法做到第一的业务，就果断放弃

这里，我跟大家分享几个杰克·韦尔奇执掌通用期间的重要经营理念。

1. 任何行业，把眼光盯住龙头老大，业务如果无法做到第一，就果断放弃。

2. 只参与行业内最有前景的领域，聚焦这个行业的高价值环节，取消没有创新空间的部门。

3. 不涉足业绩经常被外界环境的变化左右的、自己无法控制的周期性行业。

后 记

几年前，我在做一个访谈时被问及，这些年最大的收获是什么？没做过师者，就很难体会到一个师者的快乐。老师所有的付出，都不会被辜负，它会在教师节的时候化作一张张贺卡，在生病的时候化作一束束鲜花，在课堂上化作一面面锦旗，在学生毕业时化作一句句感谢，在逢年过节的时候化作一声声温暖的祝福。有人不理解，就为了这些？这些难道还不够吗？这些东西是用钱能买到的吗？唯有体会到师者的快乐，才能成为一名真正的老师。

联合出版人

刘雪芬	无锡腾方装饰材料
李冬	扬州首立德包装
汪辉	江苏家和万事兴企业管理
许大可	无锡汇才国际贸易
王立新 / 孙洁	无锡精派机械
周亚东	无锡新锦程国际物流
戴晶晶	无锡市百丝丽纺织
王圳	山东甄选电子商务
刘海侠	无锡乐林图书
环海东	无锡市上元职业培训
张国强	无锡双启科技
李燕华	无锡天誉合财务管理
邹俊	苏州大汇信息科技
马智新	苏州集宝斋
徐嫣笛	和道银座
刘亮 – 乐嗨	乐嗨智选
夏志兰	苏州圆了梦健身服务
金枝	苏州十三姨管家
黄玲玲	江苏秘媞生物科技
杜爽	苏州英特雷真智能科技
吴宛芸	南京安玥莱国际贸易
张露芸	南京晶菲美容
申鹏华	思贤（南京）文化传播
张莉娜	常州双击信息科技
范琴	江苏海创娱乐用品
郑兰芳	上海朔果房产
吕倩	常州嘉罗车辆配件
周家宏	镇江健而乐牙科器材
戴艳	江苏戴之信科技
宋海洋	四川华能达电力
王杰	南京万帛云锦

赵伟	江苏广吉巽网络技术
武海超	江苏华武天承企业管理咨询
吕志军	智器云南京信息科技
夏志远	南京瑞宝特电子科技
王建明	南京瑞品承易机电设备
李斌	南京炫亮标牌
潘君	江苏东恒保险
王慧	南京百盛财务
卢嘉美	江苏吾米文化
章祥平	南京和瑞包装
田爱飞	西双版纳津津食品
高福根	云南妙海茶叶
刘昌平	云味坊土鸡米线
余庆	云南福永投资咨询
周翎	云南磐屹生物
王玉杰	济南高准自动化科技
郑义	济南正旺酒业
杨天才	南京璇坤彩色印刷
王年亮	安徽重明鸟集团
郭春峰	江苏恒融化工
陈国连	安徽道港建设
周莹峰	合肥舒而康乳胶制品
王玉锁	江苏雅秾驿站
尚广义	安徽齐力爱家全屋定制
胡娟	安徽然尔健康管理咨询
吴琼	安徽斯尔美医疗投资
梁云	安徽纯美健康管理咨询
余晓慧	安徽翼腾空间
王勇	伊人化妆品
黄娟	安徽白大夫益丰大药房
张书笔	安徽信达新型材料
程永清	安徽相贤律师事务所
程想想	安徽恩加易科技

徐振邦	合肥博妍建筑装饰工程
彭玉柱	安徽腾亚幕墙材料
王盼盼	安徽道格服饰
虞根松	北京市炜衡（合肥）律师事务所
侯正培	合肥睿尚人力资源管理
孔燕青	合肥蜘蛛企业管理咨询
周守波	安徽博动信息技术
侍继坤	安徽长功生物
孙建兴	合肥赛旺坚果机械制造
李兵	安徽中飞建材
钟咏梅	合肥永益康健康科技有
朱猛	安徽丰德康种业
郑科	安徽和丰供应链
朱金凤	安徽美之鑫教育咨询
陈旺	安徽绿蛙空间设计
马学兵	南京新学物业管理
顾秋武	南京九又多装饰材料
郑园庆	南京沐辰音乐
曾庆莲	南京蜜妮莎食品
沈兵	重庆市长安物业
陈小伟	常州嘉罗车辆配件
周亚南	无锡市嘉华国际货运
王作	江苏笃信项目管理
梅晋菲	南京万有家居
毛建群	南京双基冷冻食品
相方圆	南京兰博文体育文化
李峰	南京旺峰装饰石材
李国峰	无锡博浩国际贸易
卢思谦	无锡帝高物流
陈华	常州杜邦龙机电
李莹	南京明莹工程项目管理
曹令霞	常州市乾璟企业管理咨询
朱立舟	南京格瑞医疗整形